成为自己的
生涯导师

中学生涯教与学八堂课

李萍 郑婷婷 谢虎 江渔 编著 | 李高弦 绘

本书基于生命成长的生涯教育理念与思路,按照中学生的认知规律,将中学生涯课程的教学内容设计为体验式课堂,并进行系统与完整地呈现。本书以"真我"金字塔模型为基础,从五步骤、五目标、五内容展开,包含八堂课的内容。

通过阅读本书,你将学会:认识自己,发现自己独一无二的天赋禀性,看到自己的天生不同;选科选考、选大学专业与未来;将当下与未来连接,引爆生命内在的小宇宙;实现自己的人生目标与梦想。

本书的使命是让每一个人成为自己的生涯导师,它不仅仅适合学生本人,还适合教师和家长。愿此书为每个孩子在成长路上保驾护航。

图书在版编目(CIP)数据

成为自己的生涯导师:中学生涯教与学八堂课 / 李萍等编著;李高弦绘. —北京:机械工业出版社,2022.1
ISBN 978-7-111-69513-4

Ⅰ. ①成… Ⅱ. ①李… ②李… Ⅲ. ①职业选择 – 中学 – 教学参考资料 Ⅳ. ① G634.933

中国版本图书馆 CIP 数据核字(2021)第 229269 号

机械工业出版社(北京市百万庄大街 22 号　邮政编码 100037)
策划编辑:梁一鹏　刘　岚　　责任编辑:梁一鹏　王淑花　刘　岚
责任校对:张　力　　　　　　封面设计:吕凤英
责任印制:郜　敏
北京汇林印务有限公司印刷
2022 年 1 月第 1 版第 1 次印刷
145mm×210mm・6 印张・141 千字
标准书号:ISBN 978-7-111-69513-4
定价:49.80 元

电话服务	网络服务
客服电话:010-88361066	机　工　官　网:www.cmpbook.com
010-88379833	机　工　官　博:weibo.com/cmp1952
010-68326294	金　书　网:www.golden-book.com
封底无防伪标均为盗版	机工教育服务网:www.cmpedu.com

序言

一、初心与缘起

新高考改革，让中学生涯教育成为现实。中学生涯教育也由原来潜在的需求成为显性的需求，成为学校德育教育的重要组成部分，成为学生选科选考、选大学专业、选未来职业及生涯发展的必修或选修课，中学生涯教材也因此层出不穷。2016年，我曾与参与一线职业生涯教育的中学老师一起编写过《让梦想起飞——中学生涯规划》教材。这是外缘。

看到高考改革变化之快，发展之迅速，学生和家长当下的现实需求之迫切，相较之下中学生涯教学的师资培训速度过于缓慢。尤其是到全国实施高考改革后，偏远地区这个现象会更突出。因此，几年后又编著此书，想让老师能快速学习与成长，让学生可以学会自己去做选择和规划，让家长能帮助与理解孩子。这是内缘。

高考改革七年来，我一直在从事中学生涯教育与研究工作。我开发了很多课程，既有面向学校层面的培训课程，即学校管理、生涯老师、班级管理、学科融入，也有面向家长和学生层面的课程。我希望通过这些课程传播生涯教育的理念、模型、体系、方法。同时，我想把它传播到偏远地区，去惠及这些地区的每一个孩子。这是初心之一。

我从七年的中学生涯教育实践与探索中，深切体悟到，中学生涯教育有别于大学生涯教育和职业生涯规划。正值青春期的中学生处在生理和心理发展的关键时期，根据埃里克森社会心理发展理论，该阶段的学生最迫切需要完成的任务是"形成自我同一性"，即通过不断的探索和反思，努力形成"我是谁，我想成为谁，我如何评价自己"的统一，而这一过程不是通过测评结果迅速与未来的专业和职业匹配就可以完成的。他们需要在与环境和文化的充分互动中，不断经历与体验、发现与觉察、体悟与觉知、修正与验证，建构出自己的自我概念和认知图式，从而更有信心面对未来的不确定。换句话说，建构论比匹配论更适合中学生。可纵观目前中学生涯教育教学实践现状，基本是在沿用大学生涯教育的模板与体系，更偏重运用匹配论。想让此现状有所改变。这是初心之二。

二、理念与思路

生涯教育，是一个生命成长与终身发展的教育。

生涯教育，是发现天赋与优势，觉醒生涯生命，实现幸福人生的教育。

生涯教育，是回答"我是谁""我要到哪里去""我该如何去"的教育。

生涯教育遵循"教育即生长"的规律；注重学生的个性发展与幸福成长，帮助学生找到自己、做自己、成为自己、超越自己，帮助学生实现内圣外王，修身、齐家、治国、平天下。

此书设计的理念与思路、呈现的框架与结构、教学的内容与组织，均以我建构的"真我"金字塔模型为基础，并以此体系构建了中学生涯教育大纲。

三、结构与逻辑

"真我"金字塔模型的五步骤与五目标、五内容相对应：

A. 使命与召唤。这是一个自我建构，建立自我同一性的过程。找到"我是谁""我想成为怎样的人"。

B. 天赋与优势。这是一个开启智慧，形成自我同一性，提升自我效能的过程。问自己："我与生俱来的天赋在哪儿""我有哪些优势可以支持到我"。

C. 选择与决策。这是一个选择培养，顺应自我同一性的过程。根据自身天赋、优势与外部资源，思考："我有哪些选择的可能性""在诸多的选择中如何决策"。

D. 目标与愿景。这是一个探索目标，统整自我同一性的过程。问自己："我的阶段目标与愿景是什么""我与想成为怎样的人是否一致"。

E. 计划与行动。这是一个实现目标，是自我同一性统整后的自我实现的过程。思考："要去成为那个想成为的人，那是因为我做了什么""我要如何行动"。

"真我"金字塔五步骤	"真我"金字塔五目标	"真我"金字塔五内容	"真我"金字塔五内容八堂课
A 使命与召唤（身份与角色）	自我建构	找到真实的自己	第一课 真实自我早重逢——找到我是谁
D 目标与愿景	探索目标	我的生涯目标	第七课 未来之路早规划——畅想未来
E 计划与行动	实现目标	我的成长方案	第八课 成长之路早起航——构建成长方案
C 选择与决策	选择培养	连接外部世界	第五课 大学专业早知晓——了解专业全貌 第六课 职业世界早探索——走进职业海洋
B 天赋与优势	开启智慧	带上天赋优势向前走	第二课 天赋禀性早看到——发现天赋 第三课 兴趣志趣早了解——揭示兴趣 第四课 潜能优势早发现——探寻潜能

序言

"真我"金字塔模型的五步骤对应的五目标，以及相应的五内容，我们通过设计八堂课来实现目标。课与课之间承上启下、连贯成体。

如果你是学生，此书可以帮助你选择高中学科、大学专业、未来职业以及你想拥有的生活方式，让你成为自己的生涯导师和生命专家！

如果你是教师，此书可以运用到生涯教学、班级管理、学科渗透中，帮助学生学会选择，实现梦想，让你成为自己和学生的生涯生命导师！

如果你是家长，此书可以运用到引导和陪伴孩子中，让你更理解和懂孩子，助力孩子幸福成长，成为孩子的生涯导师和生命教练！

我深信"每个人都是自己生命的专家！"这是一门每个人都可以学会的生涯课。本书不仅仅适合学生本人，也适合教师和家长。这也不仅仅是一本生涯书，还是陪伴学生成长的好伙伴。此书就像一位导师，随时为你引导方向。愿此书为每个孩子在成长路上保驾护航。

李萍
2021年初春于西子湖畔

目录

序言

第一课　真实自我早重逢——找到我是谁……………………… 1

第二课　天赋禀性早看到——发现天赋……………………… 19

第三课　兴趣志趣早了解——揭示兴趣……………………… 49

第四课　潜能优势早发现——探寻潜能……………………… 69

第五课　大学专业早知晓——了解专业全貌………………… 89

第六课　职业世界早探索——走进职业海洋………………… 125

第七课　未来之路早规划——畅想未来……………………… 151

第八课　成长之路早起航——构建成长方案………………… 165

第一课

真实自我早重逢
——找到我是谁

你将……

- ◇ 真正开始踏上寻找自己的旅程
- ◇ 学会去聆听内心的声音
- ◇ 开始发现一个真正的自己
- ◇ 连接过去、现在和未来的自己

古希腊人曾把能"认识自己"看成是人的最高智慧。德尔菲神庙大门上刻着这样一句箴言:"认识你自己。"几千年来,人类一直在思考"我是谁""我从哪里来""我要到哪里去"这些问题,许多人为此苦苦思索而不得其解!"我是谁"这个看似简单的问题,却蕴含着开启生命能量的初始密码,因为我们每个人都是独一无二的。我们可以通过认识自己来认识世界,从找自己出发,去做最好的自己。

生涯困惑

A. 老师说我是个积极向上、认真好学的学生,同学觉得我是个热心助人、容易交往的好伙伴,可是爸妈总认为我无心学习、脾气暴躁、难以沟通。我觉得自己在学校和在家是两个完全不同的人,到底哪个才是真正的我呢?爸妈一直都希望我未来可以选择一个稳定的工作,然后结婚生子,过一种安稳的生活。可是我不想过这样

第一课 ▶ 真实自我早重逢——找到我是谁

的生活,我想做自己。但是我又很困惑,我要成为"怎样的自己",又怎样去"做自己"呢?

B. 今天老师在生涯课上问我们:"你是谁?你想成为怎样的人?"我一下子被问懵了。说心里话,从小到大真没有想过这个问题,也没有老师教我们如何去思考这个问题,我不知道怎样回答。看看周围的同学,他们好像跟我一样,老师的问题是不是太大了呀?

你有哪些类似的困惑?

我心中的困惑

生涯体验

活动一：真心话大冒险

下面的几个问题，请你根据自己内心的真实想法，回答"是"或者"否"。

1. 我能清楚地知道自己是一个怎样的人，有哪些天赋与优势。
（　　）

2. 我对现在的自己是满意的。　　　　　　　　　　（　　）

3. 我清楚地知道那个理想中的自己是怎样的。　　　（　　）

4. 我目前距离那个理想中的自己已经没有差距了。　（　　）

你的回答是怎样的呢？如果没有全都回答"是"，那我们很有必要继续往下探索。当然，你也可以拿这些问题去问问身边的小伙伴。

活动二：人生关键词

导语：我们每个人都喊着"我要做自己"，可是这个"自己"在哪里呢？我们最后往往都活在了父母的期待里、老师的希望里、别人的认同里，而忽略了自己内心真正想要的。下面我们就一起来看看自己到底是一个怎样的人，看看你想要成为一个怎样的自己。

1. 请你先从下面这些词里圈出对你内心最有触动的 3 个关键词。

独立	和平	财富	宁静	智慧	自由	快乐	爱
挑战	美感	权力	同情	慷慨	真理	成长	安全感
真诚	勇敢	感恩	健康	阳光	助人	忠诚	负责任
激情	专长	和谐	善良	果敢	成就感		

从这些关键词里，你发现了什么？有什么特点？你也可以写下你所想到的其他词语（要求是正向积极的）。

2. 跟自己的身心做连接

也许你会说，里面有好多词都是我想要的，我选不出来。那也没关系，告诉你一个最简单的方法，将每一个词放到下面的句子中，让我们的身体去感受一下，我们的身体知道答案。

比如，将"独立"放到句子中："当我独立时，我身心合一。"当你去读这句话的时候，身体和心理是怎样的感受呢？是很舒服，还是很别扭？又或者当你说"当我拥有爱时，我身心合一"这句话时，你的身心又是怎样的感受呢？

假如你已经选好了，也可以通过这个方法去再次确认这是否是自己内心深处的答案。

连接一：当我_____时，我身心合一；
连接二：当我_____时，我身心合一；
连接三：当我_____时，我身心合一。

3. 写出一句最有力量的宣言（不超过 25 个字）

请用你选的这三个关键词，写一句简短而有力量的人生宣言吧！（写的时候，要想象自己已经成为这样的人，而不是"我想成为"。）

比如：

我是一个平和、快乐、负责任的人！

在爱和成长中，收获内心的喜悦。

用爱去助人成长，让他人和自己快乐与幸福！

我的人生宣言：

活动三：时光穿梭

现在请你尽可能放松，在座位上调整自己觉得最舒服的姿势，调整呼吸，呼气……吸气……呼气……吸气……现在想象你已经来到几年后的世界，这时候，你已经成为理想中的自己，进入了理想的大学，正在做着自己想做的事情。

此时，你脑海中的画面是怎么样的呢？请你尽量想象，越仔细越好。在那个画面里，除了你，还有别人吗？当时的你穿着怎样的衣服呢？你在说话吗？说了什么？你的表情是什么样？看到了什么？听到了什么？感受到了什么？……可以在这些画面里面多待一会儿。请记住，你已经成为理想中的自己。

看到并感受到理想中的自己，你跟自己心目中觉得最重要的人说："我经过几年的努力，终于成为理想中的自己了。"对方又会跟你说什么呢？当时，你的心情怎么样？

如果那个理想中的自己，知道处在现阶段的你的困惑、迷茫、不自信等所有状态，ta 会跟你说什么呢？你当时的心理感受是什么？

几年后，你已经成为那个理想中的自己：

（1）那时的你感受是怎样的？

（2）你的老师、同学、家长或者朋友会对你说什么？

（3）现在的你会跟那时的自己说什么？

（4）那时的你又会跟现在的自己说什么？

活动四：早期记忆

请你回忆 1~3 件 6 岁以前的事情，切记要靠自己回忆，听父母说的不算。

回忆内容包括：当时年龄、涉及人物、事情发生的背景、画面的颜色、出现的声音以及自己的情绪（请按事件印象深浅顺序排列）。通过以上回忆，再结合前面自己所选择的关键词，你有什么发现？

如果你记不起来，或者脑子一片空白，没有关系，你可以：

（1）找找小时候画过的画、制作过的小玩意等；

（2）列举你小时候最敬佩的三个人（父母除外），并具体说明你最敬佩他们身上的哪些品质；

（3）回忆小时候最喜欢的电影、小说或故事，说说最喜欢里面的哪位人物。

生涯觉察

一、对一对——我的人生宣言

写下你的人生宣言以后,你对自己有什么新的发现呢?

1. 读这句宣言的时候,内心是否觉得很有力量?

2. 如果觉得力量还不够,请再确认一下,这些词是否是你内心真正想要的。

3. 你正走在成为这样的自己的路上吗?你为之付出过哪些努力?未来又将为之做什么?

二、想一想——我的生涯角色

在日常生活中，我们每个人都扮演着多重角色，如子女、兄弟姐妹、朋友、学生、休闲者、公民等。你在日常生活中扮演着哪些角色？这些角色对你而言有多么重要？请分别填入下表。

角色	重要性	原因
	☆☆☆☆☆	
	☆☆☆☆☆	
	☆☆☆☆☆	
	☆☆☆☆☆	

1. 你最喜欢的角色是_____，因为_____；

2. 你投入精力最多的角色是_____，因为_____；

3. 你最希望成功扮演的角色是_____，因为_____；

4. 你期望可以投入更多精力的角色是_____，因为_____。

三、学一学——生涯发展理论

1976年，著名的生涯发展学者舒伯曾给出这样的定义："生涯是生活中各种事件的演进方向和历程，它统合了人一生中的各种职业和生活角色，由此表现出个人独特的自我发展形态。"他认为人在一生当中必须扮演6种主要的角色，依次是：子女、学生、休闲者、公民、工作者、持家者。各种角色之间是相互作用的,一个角色的成功,特别是早期的角色如果发展得比较好,将会为其他角色提供良好的关系基础。但是,在一个角色上投入过多的精力,没有平衡协调各角色的关系,则会导致其他角色的失败。

为了综合阐述生涯发展阶段与角色间的相互影响,舒伯创造性地描绘出一个多重角色生涯发展的综合图形——"生涯彩虹图",形象地展现了生涯发展的时空关系,更好地诠释了生涯的定义。

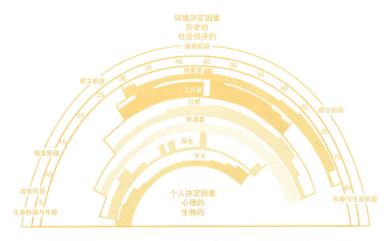

生涯彩虹图

在每一个阶段对每一个角色的投入程度可以用颜色来表示,颜色面积越大,表示该角色投入的程度越多;空白越多,表示该角色投入的程度越少。生涯彩虹图形象地展现了生命发展的时空关系,诠释了生命的定义,它的作用主要是使人对自身未来的各阶段进行调配,做出各种角色的计划和安排,成为自己的生涯设计师。

舒伯将生涯发展阶段划分为成长、探索、建立、维持与退出五个阶段。

生涯发展阶段	特点	任务
成长阶段（0~14岁）	开始辨认周围的事物，并逐渐意识到自己的兴趣所在，以及发现和职业相关的一些最基本的技能	发展自我形象，形成对工作世界的正确态度，了解工作的意义
探索阶段（15~24岁）	开始通过尝试一些自己感兴趣的职业活动，对自我能力及角色、职业进行探索。职业选择倾向于某些特定的领域	职业兴趣具体化，初步确定职业选择，并尝试将它作为长期的职业
建立阶段（25~44岁）	开始尝试选择适合自己的职业领域，大部分人处于最具有创造力的时期	找到自己所期望从事的工作机会，学习和他人建立关系，维持职业和生活的稳定
维持阶段（45~64岁）	个人通过不断努力来获得职业生涯的发展与成就，并逐渐在自己的领域中占有一席之地	维持既有成就与地位，接受自身条件的限制，找出工作中遇到的新机遇，发展新的技能
退出阶段（65岁以上）	由于生理和心理机能日益衰退，个人职业角色的份量逐渐减弱，开始考虑退休并享受自己的晚年生活	发展非职业性角色，做先前想做而未做的事，淡泊名利，与世无争

每一个生涯发展阶段都有一些特定的发展任务要完成，需达到

一定的发展水准或成就,而且前一阶段发展任务的达成情况关系到后一阶段的发展。

在以后的研究岁月中,舒伯对发展任务的看法又向前跨了一步。他认为在人一生的生涯发展中,各个阶段同样要面对成长、探索、建立、维持和退出的问题,因而形成"成长——探索——建立——维持——退出"的循环。

生涯行动

行动一:把"我的人生宣言"贴在显眼的地方,时刻提醒自己,我就是这样的人,我正走在成为这样的人的路上。

行动二:把"我的人生宣言"告诉身边的人,看看会发生什么变化。

行动三：体验与升华

1. 从生涯体验活动中，你学到了什么？

2. 从生涯体验活动中，你发现了什么？有哪些反思？

3. 从这些发现与反思中，你体悟到了什么？找到了哪些关联？

4. 如何将悟到的关联运用到学习与生活之中，从而检验体悟，提升觉察力？

行动四：写下你的三个人生关键词

我的人生关键词：

第一课 ▶ 真实自我早重逢——找到我是谁

案例示范

　　小奕同学，是湖北省第一批面临高考改革的学生之一，在高一寒假时面临选科选考时极为困惑。老师问她喜欢什么，未来想做什么，大学想学什么专业。她对于这些问题很迷茫，无法回答老师的问题。除此之外，小奕在数学的学习上有很大困难，满分150分的试卷，她通常只能考80多分，最多考到90分，这让她不敢想能考上好的大学。

　　老师问："如果我们不考虑过去，不考虑你的数学成绩和你的考试排名等，只想未来，想你最想成为什么样的人，你的答案是什么？"

　　小奕说："老师，我也不知道，我只知道自己不要什么，而不知道自己想要什么。比如，我不要一成不变的、没有创意的专业和职业。"

老师说："没有关系，我给你一些关键词（见 P5），你选择三个你最看重的，或者是对你最有触动的。然后跟自己的身心做连接（当我_____时，我身心合一）。最后把这三个关键词连接起来造句，说一句不超过 25 字的话。"

小奕很快就从老师给出的词中挑出三个，并写下了这样一句话：为了世界的和平，为了美与自由。

 生涯拓展

做个先成为、后拥有的人

第一课 ▶ 真实自我早重逢——找到我是谁

每当妹妹和我分享她在美国做访问学者期间，自驾游遍美国的感受和经历时，她总会说到自己在国内考驾照的起因。她计划等到评上正教授后，申请到美国做访问学者，然后到美国就自驾游。那年，她虽然没有评上正高职称，但是在当时非常繁忙的教学和科研工作之余还是挤出时间考取了驾照。

她的先生也经常笑话她，说她整天都生活在梦境中，八字没一撇呢，她就把自己当作是在美国做访问的学者，一步步地筹划、一点点地去做，朝着自己的梦想靠拢。我那个"傻"妹妹不仅在当年考取了驾照，并且两年后如愿评上了教授，第三年获得了申请资格。她以自己已经是访问学者的心态去申请，结果非常顺利地申请下来了。妹妹总是说"会做梦真好！"她都是快五十岁的人了，但对梦想的追求就像刚从大学毕业的学生。

由此，我想到了两种思维模式。

一种是传统的思维模式，就是先拥有、再行动、后成为。这是人们通常采取的一种思维模式，比如，等我有资源了再去创业，等我退休有时间了再去旅游，等我有钱了再去做自己喜欢做的事，都是我先拥有了什么再成为什么或再去做什么，是要先拥有所需要的条件，才可以去做一些事，然后成为想要成为的样子的思维模式。这种模式看起来比较合乎大众逻辑。

另一种是教练的思维方式，就是先成为、再行动、后拥有。也就是说，你先让自己成为理想的那个人，比如成为访问学者，成为一名浙江大学的学生，成为一家企业的 HR，成为受学生喜爱的老师。接着你按照想成为的那个人的要求去行动，每天为想成为的那个人做点事，做着做着你就拥有了想成为的那个人所拥有的条件。这就是先成为、再行动、后拥有的思维模式，这种看起来有点玄的逻辑你需多体验。

显然，"先拥有、再行动、后成为"的做法是有要求条件的，你要具备这些条件，才能做一些事情，然后你才可能成为想成为的那个人。而"先成为、再行动、后拥有"的做法，是先在心态上成为想成为的那个人，然后按照想成为的那个人的标准去做，最后自然就会成功。其实，行动的过程就是在创造各种可能性的过程。

可见，能否成为自己想要成为的人，完全由你自己决定。我的妹妹就是这样，无论是工作还是生活，这种思维模式已经成为她的一种生活方式。做个先成为、后拥有的人，一切皆有可能。

本章总结

- 核心：找到"我是谁""我想成为一个怎样的人"。

在体验中觉察

- 运用内心看重的关键词定义自我身份与角色。
- 运用人生宣言发现与觉察自我身份与角色。
- 运用早期记忆回忆"我是谁""我想成为一个怎样的人"。

在行动中觉察

- 用行动朝着"想要成为的自己"的方向持续前进。

第二课

天赋禀性早看到
——发现天赋

你将……

- ◇ 参加一个找房间游戏
- ◇ 完成性格自我评估
- ◇ 了解自己的 MBTI 性格类型
- ◇ 了解性格类型与选考科目及未来职业之间的关系

不知道你有没有发现,很多时候我们都是以一种让自己最舒服和最自然的方式生活和学习着,这种偏好其实是与生俱来的,它反映了人的性格差异。如果能了解自己的性格类型,那么就能以一种更积极的方式对自己的偏好加以利用,促进自己更好地和外部环境互动,找到自己的初心来回应世界。

生涯困惑

A. 从小学开始,每当所填的档案表格出现"特长"一栏的时候,我都特别失落,因为总觉得别人都有特长,而自己一无是处。自己出生在平凡的家庭,从小没有受过艺术的熏陶,不会吹拉弹唱,更不会琴棋书画。总之,我觉得自己就是一个普通得不能再普通的人,平凡得就像空气,像我这样的人,也会有天赋吗?

B. 我对很多事都感兴趣,也很擅长,还能通过这些特长拿到不错的比赛名次。但面对繁重的高中学业压力,这么多特长不知道哪些是要暂时放弃的,哪些是可以继续培养使其成为优势的,这让我困惑不已。

天赋究竟是什么呢?发现了天赋对我们的高中生活会有什么帮助呢?

在你的学习与生活中,是否有过下面的困惑:

1. 为什么别人有那么多朋友,而我的朋友却很少?

2. 我上课那么努力地记笔记,为什么题目还是不会做?

3. 做班干部让我感到力不从心,这个岗位适合我吗?

4. 我想让自己行动起来，可为什么每次总是拖拖拉拉，临时抱佛脚？

5. 有些简单题是我明明会做的，我也很仔细了，但为什么还是会抄错、写错？

你有哪些类似的困惑？

我心中的困惑

生涯体验

第二课 ▶ 天赋禀性早看到——发现天赋

活动一：看一看——我的与众不同

在下列四个问题中，你更偏向 A 还是 B？

（1）老师提问时，或同学们一起讨论问题时，你会怎么做？

A. 边想边说，或没想就说，或听、说、想同时进行。喜欢先行动、再思考，边想边说出来。

B. 想好了再说，或想好了也不说，或先听、后想、再说，喜欢先思考、再行动，在脑中思考。

（2）当老师给你布置任务时，你通常喜欢什么样的任务？

A. 具体的、明确的，这个任务可以运用你已有的技能完成。

B. 整体的、大概的，这个任务要运用想象和推理，学习新技能来完成。

（3）如果你是班长，老师要你管理班级秩序，有同学擅自旷课，你会怎么处理？

A. 可能对方有自己的原因，但还是要按照班级制订的规则处理。

B. 虽然班级已经制订了规则，但对方也许有特殊情况，不能一概而论。

（4）如果班级组织去野炊，你通常会做哪些准备？

A. 早早准备这次活动需要的食物、用品等，并考虑到各种意外情况下所需要的用品，比如驱蚊水等。

B. 只要带上钱包和手机就行，最多带点路上吃的食物，不够的话随时都可以买。

在回答以上问题时，如果你在 A、B 之间犹豫不决，请不要着急，可以先等一等。我们的目的不是为了做选择，而是通过选项里的描述，使你看到自己过往的一些事，让你想起以前遇到的相似场景。当你发出"对，这就是我当时的表现和反应"的感叹时，那么祝贺你，你和你的过往连接起来了，发现自我天赋的大门将在此刻开启。

同学们一定很想知道结果，但我们先不急着公布结果，这个游戏的目的是让你了解自己的行动风格。在后面的课程中，我们会逐一解释各个维度。

活动二：找一找——我的性格密码

1. 选择你的房间

你和小伙伴们去外地旅行，途中要在一所大房子逗留一段时间。房子里有 16 个不同风格的房间，供不同性格的人居住。根据房子对应的人群个性介绍，找到适合你的房间。

（1）ISTP：擅长分析、观察，好奇心强，对技术性的工作很有天赋。对事实很敏感，喜欢客观独立地做决定。安静而沉默，容易受冲动的驱使，追求兴奋而行动。通常很喜欢户外活动，容易鲁莽、轻率、不耐烦。

（2）ISTJ：关注细节，擅长逻辑和客观分析，能够有条理地、系统化地按时完成工作。严肃，有责任感，值得信赖并且信守诺言。做事严谨、勤奋、有条不紊且专心致志。性格独立、情绪平稳。容易陷入细节之中，不易接受新的想法和思路。

（3）ESTP：天生的乐天派，愿意享受现在，不愿为将来制订计划。相信感觉，好奇心强，很敏锐。喜欢探求新方法，倾向于通过逻辑分析做决定。重视行动而不是言语，喜欢处理各种问题。性格外向，多才多艺。

（4）ESTJ：逻辑性强、擅长分析，对真实有形的东西而不是抽象的想法和理论感兴趣。喜欢根据自己过去的经验做决定，原则性强、略显传统，擅长判断，自律性强。容易批判他人，对他人的肯定和赞赏较少。

（5）ISFP：天生具备很高的敏感度，有耐心，好相处，容易判断出他人的需求，也因此对他人的批评非常敏感。拥有强烈的个人理想和价值观，习惯于用行动表达感受。对能够直接从经验和感觉中得到的信息非常感兴趣，有艺术、美学天分。喜欢做短期规划，很少做长远打算。

（6）ISFJ：对他人的情感有敏锐的感觉，尽职、有责任感且喜欢被人需要，愿意为他人提供实际的帮助，容易压抑自身的需求和情绪。对细节有很强的记忆力，有很强的工作原则，工作严谨又有条理。有些保守，重视传统观念，安静谦逊，认真严肃。有时会陷入大量琐碎的细节之中拔不出来。

（7）ESFP：热情、友好、慷慨，受人欢迎，擅长交际，热衷于参加活动和游戏，表现欲强。相信感官带来的信息而不是理论解释，喜欢有形的事实，对细节有很好的记忆力。重视尝试，喜欢搜集信息，易受干扰和诱惑，较难约束自己，做决定时常常不考虑结果。

（8）ESFJ：重视与他人的关系，责任心强，健谈、待人友好且有同情心，易因讨好或帮助他人而忽视自己的需求。做事有计划性，有条理，重视事实和细节，做决定时会以自己或信任的人的经验为依据。谨慎、传统，易局限于自己的职责和原则，变通性差。

（9）INFP：敏感、忠诚，看重个人的价值和内在的平和。不重视逻辑，对可能性而不是已知的事更感兴趣。思路开阔，好奇心强，有洞察力。在日常生活中较为通融，忍耐力和适应性强，在意他人的情感，避免矛盾冲突，有时想法显得不着边际，是最理想化的个性。

（10）INFJ：完美主义者，坚持独立思考，重视灵感，相信自己的想法和决定。忠诚，有责任心且理想化。喜欢说服他人相信自己的观点，通过认同和赞扬而不是争吵和胁迫获得他人的协助，对任何批评都会过度敏感。坚持原则，有时不知变通，拒绝改变。

（11）ENFP：乐观、自然、热情，富有创造性和自信，具有独创性的思想和对可能性的强烈兴趣。有洞察力，注意常规以外的任何事物。好奇，喜欢理解而不是判断。具有想象力、适应性和可变性，视灵感高于一切。关注与维系个人关系而不是客观事物，喜欢保持广泛的关系。

（12）ENFJ：关心他人，看重人和关系，总能看到别人好的一面。理想主义者，看重自己的价值，有精力、有热情、有责任感。谨慎，坚持不懈。在做决定时只基于自己对问题的感觉，而不是事实，对现实以外的可能性以及对他人的影响十分感兴趣。

（13）INTP：安静、独立，喜欢思考，有逻辑性，擅长处理概念性问题，有很强的创造性和灵感。有批判和怀疑精神，对已知的东西不感兴趣，而是看重可能性，不喜欢与人打交道，可能因过于注重逻辑分析而对他人的需求考虑不足。

（14）INTJ：完美主义者，逻辑性强，有判断力，很聪明，喜欢以自己的方式做事，对反对意见持怀疑态度，不容易受到他人的影响，果断坚决。具有创造性思维，有远见和洞察力，善于研究理论，善于做概念性工作。一旦认定目标，会投入巨大的精力。

（15）ENTP：热情、聪慧、健谈，具有很强的主动性和创造性。看重灵感，多才多艺，适应性强，擅长处理挑战性问题。不墨守成规，喜欢自由，并能从日常事务中发现乐趣和变化。幽默感强，个性乐观，有人格魅力。

（16）ENTJ：擅长发现一切事物的可能性并愿意指导他人实现梦想，天才思想家和长远规划者。逻辑性强，乐于吸收新知识，喜欢研究并解决复杂的理论问题，善于做需要推理和智慧的工作。生活严谨，计划性强。对别人的需求和情感不够敏感。

根据16种性格类型的描述，把有感觉的，就像在描述你的词句画出来，看看这些内容描述是哪一种类型，找到16个房间中你的那个类型。如果你与多种类型相似，难以选择，就暂时先选择其一。

这个活动对有些同学也许会有困难和困惑，因为这些个性介绍讲得都差不多，好像这个也像自己那个也像自己。请不要着急，这时候不要使用你的大脑，而是听从你的心，从最不可能是你的一项开始逐个排除。

2. 与你同房间的人交流分享

（1）分组。将选择同一个房间的学生分为一组。如果 16 个房间都有人选择，那么就分为 16 组。

（2）交流。大家讨论为什么会选择这个房间，它有哪些符合你的地方？

（3）合作。给小组命名，讨论同组成员在性格上有哪些共同特点，并列出三个共同特点的关键词。

（4）分享。每个小组选一名代表介绍本组成员的三个共同特点的关键词，其他同学注意观察，并感受各组之间的差别。

请注意,这时可能会出现几种情况:有些房间只有一个人,和你同一房间的那个人你不喜欢,难以确定自己是哪种类型等等。请不用担心或着急,再继续找。

生涯觉察

发现天赋之旅就好比是在拼一张大拼图,在这个过程中,你会拿到很多拼图块,有犹豫、有困惑是很正常的。不要紧,在生活中保持这样的觉察,把日常生活中经历的事件和触发的感觉像小拼图一样收集起来。过一段时间,当你再回头看时,拼图渐渐明朗,你对自己的认识也会逐渐清晰起来。

一、对一对——密码背后的我

案例1:

在学校里,我喜欢跟同学一起玩。我报名了很多社团和兴趣小组,参加各式各样的课外活动,人越多,我越兴奋、越快乐。我表姐跟我年龄差不多,可她喜欢一个人看书、做作业、听音乐,有时候被我拉着去参加社团活动,参加两次就说很累,要回去休息。我们的差异为什么这么大呢?

这其实与每个人获取能量的方式有关,这里的能量主要是指精力。如果你是一部手机,这个能量就相当于电池的电量,不同类型的人"充电"方式是不一样的。这便有了外向型与内向型之别。

外向型和内向型的七个特征如下。

> 外向型(E):与他人在一起时感到振奋,希望成为关注的焦点;热情洋溢,兴致勃勃,善于表达;听、说、想同时进行,或者先行动再思考,喜欢边想边说出声;易于被了解,愿与人共享信息;反应迅速,喜欢快节奏;相比精深,更喜欢广博;能量来自与外界的相互作用。

> 内向型(I):独自一人时感到振奋,避免成为关注的焦点;冷静、稳重、谨慎,不愿意主动表达;先听、后想、再说,或者先思考再行动;注重隐私,只与少数人分享个人信息;思考后再反应,喜欢慢节奏;相比广博,更喜欢精深;能量来自内心的思考与推理。

对一对外向型和内向型的七个特征，再思考"看一看"活动中的第一个问题，你是偏向于选 A 还是 B？

显然，选 A 是偏好外向型，选 B 是偏好内向型。

下面是与外向型和内向型相关联的关键词，和你这个类型房间的三个共同特点的关键词对一对，有需要补充和调整的吗？

> 与外向型（E）相关联的关键词：
> 外向、行动、外部、人际、交往、多、善于表达、行动 - 思考 - 行动。

> 与内向型（I）相关联的关键词：
> 内向、反思、内部、隐私、专心、少、沉静、思考 - 行动 - 思考。

案例 2：

班里有两个绘画特别好的同学，但他们的风格特别不一样。一个喜欢画静物，对着物品可以一连画三四个钟头，画得很逼真；另一个想象力特别丰富，天马行空，画的多是生活中没见过的，也特别好看。为什么他们俩这么不一样？

这其实与我们用什么方式获取信息有关。我们每个人都在不断接收着信息，但不同类型的个体接收信息的方式是不同的，这便有了感觉型与直觉型之别。

感觉型和直觉型的七个特征如下。

> 感觉型（S）：相信确定而有形的事物；喜欢具有实际意义的新生活；崇尚现实主义与常识；喜欢运用并琢磨已有的技能；留心特殊和具体的事物，喜欢给出细节；循序渐进地给出信息；着眼于现在。

> 直觉型（N）：相信灵感和推理；喜欢新主意和新概念只出自自己的意愿；崇尚想象力和新事物；喜欢学习新技能，但掌握之后容易厌倦；留心普遍性和象征性的内容，使用隐喻和类比；跳跃式地以一种绕圈的方式给出信息；着眼于将来。

对一对感觉型和直觉型的七个特征，再思考"看一看"活动中的第二个问题，你是偏向于选 A 还是 B？

显然，选 A 是偏好感觉型，选 B 是偏好直觉型。

下面是与感觉型和直觉型相关联的关键词，和你这个类型房间的三个共同特点的关键词对一对，有需要补充和调整的吗？

> 与感觉型（S）相关联的关键词：
> 感觉、事实、现实、具体、现在、保持、实用、是什么。

> 与直觉型（N）相关联的关键词：
> 直觉、观念、富有想象力、一般、将来、变化、理论性、可能是什么。

案例3：

我是班级的纪律委员，每次同学违纪，我要按照学校和老师的要求把他们的名字记录下来。但每次老师在批评他们的时候，我心里总是有点难受，其实在要不要把他们的名字记录下来那一刻，我已经在纠结了，觉得记下来同学要被骂，不记下来对不起老师的嘱托。上学期担任纪律委员的那个同学好像就没有这方面的心理负担，不管对谁都铁面无私。

这其实与我们用什么方式做决定有关，这便有了思考型与情感型之别。也许你会觉得，思考型的人是理性的，而情感型的人是非理性的。事实上并非如此，两类人都有理性思考的成分，只是做决定或下结论的主要依据不一样。

思考型和情感型的七个特征如下。

第二课 ▶ 天赋禀性早看到——发现天赋

> 思考型（T）：习惯后退一步，客观地分析问题；崇尚逻辑，公正和公平；自然地发现缺点，有吹毛求疵的倾向；可能被视为无情、麻木、漠不关心；认为诚实比机敏更重要；认为只有合乎逻辑的感情才是正确的；受成就欲望的驱使。

> 情感型（F）：关心行动给他人带来的影响；注重感情与和睦，看到规则的例外性；很自然地想让他人快乐，易于理解他人；可能被视为过于感情化、无逻辑、脆弱；认为诚实与机敏同样重要；认为所有感情都是正确的，无论有意义与否；受被人理解的想法驱使。

对一对思考型和情感型的七个特征，再思考"看一看"活动中的第三个问题，你是偏向于选 A 还是 B？

显然，选择 A 是偏好思考型，选择 B 是偏好情感型。

下面是与思考型和情感型相关联的关键词，和你这个类型房间的三个共同特点的关键词对一对，有需要补充和调整的吗？

> 与思考型（T）相关联的关键词：
> 思考、头脑、距离、事物、客观、批评、分析、坚定、公平。

> 与情感型（F）相关联的关键词：
> 情感、心灵、亲自、人、主观、褒奖、理解、仁慈。

案例 4：

我有一个朋友，他每次旅游前都会做好充分的准备，比如做好攻略、订酒店、订机票、设计旅游线路、订门票，还会准备好出行所需的物品。我则相反，我喜欢在旅途中遇到惊喜，买一张机票，说走就走。

这其实和每个人与外部环境相处的方式有关，这便有了知觉型与判断型之别。多数个体会自然地发现，采用某种相处方式时总是比另一种更轻松，因此在和外部世界打交道时总是采用这种相处方式。

判断型和知觉型的七个特征如下。

> 判断型（J）：做完决定后感到快乐；遵循"工作"原则，先工作再玩儿（有时间的话）；确立目标并按时完成任务；想知道自己的处境；看重结果；通过完成任务来获得满足；把时间看成有限的资源，认真对待时间期限。

> 知觉型（P）：因保留选择的余地而快乐；遵循"玩儿"原则，先玩儿再工作（有时间的话）；当有新的情况时会改变目标；喜欢适应新环境；看重过程；通过接触新事物来获得满足；把时间看成无限的资源，认为时间期限是灵活的。

对一对判断型和知觉型的七个特征，再思考"看一看"中的第四个问题，你是偏向于选 A 还是 B？

显然，选 A 是偏好判断型，选 B 是偏好知觉型。

下面是与判断型和知觉型相关联的关键词，和你这个类型房间的三个共同特点的关键词对一对，有需要补充和调整的吗？

> 与判断型（J）相关联的关键词：
> 判断、组织、决定、控制、现在、结论、事先仔细考虑、计划。

> 与知觉型（P）相关联的关键词：
> 感知、灵活、信息、体验、稍后、选择、自然而然、等待。

根据上面的 16 个房间的描述及相关联的关键词，请你对一对，判断你选择的房间是否符合你的个性特点，如果不是，可以重新对房间进行选择，直到找到那个真正适合你的。

二、学一学——MBTI 性格理论

1943年，凯瑟琳·布里格斯(Katharine Briggs)和伊莎贝尔·迈尔斯(Isabel Myers)母女，在荣格心理学类型理论的基础上开发研制出性格类型测试工具，并以她们的名字命名，Myers-Briggs Type Indicator，简称 MBTI。

MBTI 是目前世界公认的应用范围最广、精确度最高的性格类型测试工具，已在全世界 70 多个国家和地区使用，每年的使用者多达 200 万人。根据人们对周围世界进行选择和应对的方式，MBTI 将人的性格分成四个维度，每个维度有两种不同的展现方式，每个个体都会倾向于两者之一，共组合成 16 种性格类型。

MBTI® 性格类型四个维度

外向（E）Extroversion	——能量导向—— 获取能量的方式是什么？	内向（I）Introversion
感觉（S）Sensing	——获取信息—— 获取信息的方式是什么？	直觉（N）iNtuition
思考（T）Thinking	——决策判断—— 决策的方式是什么？	情感（F）Feeling
判断（J）Judging	——外部环境—— 与外部环境相处的方式是什么？	知觉（P）Perceiving

获取能量的不同方式（E/I）如下。

典型特征：外向型的天性是将注意力聚焦于外部世界，关注外部世界的人、环境、事情、行为，与人相处时是充电的过程，独处时是放电的过程；内向型的天性是将注意力聚焦于内部世界，关注内心世界的体验、想法、点子、情感，独处时是充电的过程，与人相处时是放电的过程。

职业表现：外向型适合不断与人接触，办公室外或远离与工具打交道的工作活动；内向型适合一些独立的工作内容，需要独处，以集中精力，专注于工作。

获取信息的不同方式（S/N）如下。

典型特征：感觉型更依赖五种感官，按顺序、逐步进行的方式获取和描述信息，用线性的带步骤的方式吸收和呈现细节的、具体的、现在的、有形的信息；直觉型更依赖第六感，用快捷的整合方式吸收和呈现整体的、未来的、无形的、抽象的信息。

职业表现：感觉型适合需要关注细节及仔细观察才能完成的工作；直觉型更适合解决一系列新问题的工作。

处理信息及决策的不同方式（T/F）如下。

典型特征：思考型做决定时，跳出情境之外，采取外在的、客观的立场，理性做决定；情感型做决定时，进入情境之中，采取内在的、移情的立场，带着同理心做决定。

职业表现：思考型适合讲究逻辑顺序的工作，尤其是理念、数字或者实体对象，如与技术、科学打交道的工作；情感型适合能够为他人提供服务的工作，并且喜欢和谐的、相互欣赏的工作环境，重视人与人之间的沟通。

与外部环境相处的不同方式（J/P）如下。

典型特征：判断型采用执行计划的方式，按照事先制订的进度，在时间期限内完成工作，有计划地、按部就班地达到结果，认为外界是不变的，是静止的；知觉型采用顺其自然的方式，通过冲刺，赶在时间期限内完成工作，随性地、即兴地达到结果，认为外界是变化的，是动态的。

职业表现：判断型适合需要系统性和顺序性的工作；知觉型适合要求适应变化，或者适应当下情境比管理情境更为重要的工作。

不同的职业会要求以不同的方式搜寻并接收信息，做出决定，以适应职业环境。MBTI 四个维度中的 S/N 和 T/F 这两个维度是功能维度，对职业选择影响最大，可用来预测最有可能长期发展的工作领域。两两组合成 ST、SF、NF、NT 四个功能对，其典型特征和职业倾向如下。

ST（ISTP/ISTJ/ESTP/ESTJ）：

典型特征：依靠感官来感知事物，但依赖思考做出判断。对与事物有关而不是与人有关的事实感兴趣，看重实际和事实，相信思考，相信有因果关系的和有条理的逻辑推理，通过非个人的分析就事实做出决定。

职业倾向：生产、技术、医学、会计、金融。实际并且关注事实，适合发挥有事实和对象的技术技能。

SF（ISFP/ISFJ/ESFP/ESFJ）：

典型特征：依靠感官感知事物，依赖情感做出判断。对与人有关而不是与事物有关的事实感兴趣，通过情感评估事物对自己和他人的重要性，并以此做出决定。因此，SF型人的社交能力较强，富有同情心，对人友好。

职业倾向：教育、健康护理、服务、销售。富有同情心并且友好，适合为人们提供切实的帮助和服务。

NF（INFP/INFJ/ENFP/ENFJ）：

典型特征：通过直觉感知事物，依赖情感做出判断。不关注具体的事实和环境，而是关注可能性，比如新的项目、新的规律。有语言天赋，创造性强，想象力丰富，很有见解。

职业倾向：咨询、新闻、艺术、心理。热情并富有远见，能够理解他人，并且能与人进行良好沟通的领域。

NT（INTP/INTJ/ENTP/ENTJ）：

典型特征：通过直觉感知事物，也关注可能性，但依赖理性思考做出判断。逻辑性强、机敏，擅长解决在特殊感兴趣领域的复杂问题。

职业倾向：科学、建筑、工程、设计。富有逻辑与创造性，更适合理论和技术发展领域。

生涯行动

行动一：悟一悟——发现与觉察到的我

四个维度中，你分别偏向于哪种类型呢？请列出其中 3 个最鲜明的特征，并分别列举 1~2 个你生活或学习中的事例。

第二课 ▶ 天赋禀性早看到——发现天赋

性格维度	你的性格类型	事例一	事例二
E 外向型			
I 内向型			
S 感觉型			
N 直觉型			
F 情感型			
T 思考型			
J 判断型			
P 知觉型			

行动二：觉察之前的困惑

现在再看看你之前的困惑，是不是对自己有更多的了解和接纳呢？

1. 为什么别人有那么多朋友，而我的朋友却很少？

2. 为什么我上课那么努力地记笔记，题目还是不会做？

3. 为什么做班干部让我感到力不从心，这个岗位适合我吗？

4. 为什么我做事总喜欢拖拖拉拉？

行动三：体验与升华

1. 从体验活动中，你知道四个维度的特征分别是什么吗？

2. 从体验活动中，你发现自己有哪些性格特征？有哪些反思？

3. 从这些发现与反思中，你体悟到了什么？找到了哪些关联？

4. 如何将体悟到的关联运用到学习与生活之中，从而检验体悟，提升觉察力？

行动四：写下你的性格天赋关键词

性格天赋关键词：

符合你性格类型的专业/职业：

第二课 ▶ 天赋禀性早看到——发现天赋

 案例示范

5~7 名同学为一组走进社会去进行生存体验,每人每天 4 元钱。每组需要通过团队合作,用寻找工作或者推销产品等方式,努力去获得收益。

小张出去找工作被店家拒绝后,作为思考型的她是这样看待被拒绝的:相比大家,我抗打击能力更强,我一直觉得,这家店不要我是他的损失,不代表我自身能力不行。

作为内向型的小蔡有这样的觉察:外向型的人确实很擅长表达和沟通,但是内向型的人虽然一开始和陌生人对话会感到害羞和不好意思,但只要能给我一定的时间做好心理准备并熟悉环境,我也能很好地与人交流，我相信我有不错的推销能力。

作为感觉型的小王，提出了用推销纸巾这个方式去获得收益，他说："我小学时就参加过推销纸巾的活动，所以就马上想到了这个方式。因为我比较习惯靠经验去做事情，不太敢尝试新鲜的事物，对于做过的事情我会更加有把握。"

生涯拓展

篮球天才乔丹

说到篮球，几乎每个人都会想到迈克尔·乔丹，1963年2月17日生于纽约布鲁克林的他，曾是美国职业篮球运动员，司职得分后卫，被称为"史上最伟大的篮球运动员"。

按照 MBTI 性格类型的分类，乔丹属于 ESFP 型，这个类型的人往往热情、友好、慷慨，受人欢迎，擅长交际，热衷于参加活动和游戏，表现欲强；相信感官带来的信息，而不是理论解释；喜欢有形的事实，对细节有很好的记忆力；重视尝试，喜欢搜集信息；易受干扰和诱惑，较难约束自己，做决定时常常不考虑结果。

具有 SP 性格特点的人富有冒险精神，反应灵敏，在任何要求技巧性强的领域中都能游刃有余，有 60% 左右的 SP 类型的人喜欢艺术、娱乐、体育和文学，被称赞为"天才的艺术家"。

乔丹在篮球场上展现出了极高的运动天赋和创造性，这也是该性格的人非常典型的特质，即擅长使用行动的艺术。无论是篮球场上快攻、神奇过人，还是极具迷惑性的假动作等，都表明了这种行动艺术的特征，他能探寻机会，寻找最佳的突破角度，采取适时而有效的行动。

这一类型的人喜欢在危险边缘寻找刺激，行动迅速，为享受现在而活。乔丹在球场上的火爆脾气和做事冲动的特点，从他职业生涯中多次的冲突就可以看出来，他的性格中冲动和对刺激性的强烈偏好，也使他被称为"最具侵略性的球员"。

但不可否认的是，这一类型的人极具个人魅力，乔丹之所以在全世界有如此大的影响力，受到球迷的喜爱和崇拜，除了其在篮球场上的王者风范外，还与其率直、热心、友好、生机勃勃的特质有关。乔丹喜欢和队友以及安保人员在一起打牌、开玩笑，生活中给人的感觉是具有亲和力，且平易近人。同时，乔丹有着超强的领导能力,尽管有时乔丹会对队友非常严厉,但他能很好地调节球队的氛围,鼓舞整个团队的士气。此外,这位"空中飞人"无与伦比的意志力和永不服输的精神,也为其增添了巨大的人格魅力。

然而,乔丹在成为球队管理层后,其所作所为可实在不敢恭维。乔丹是一位亲力亲为的老板,大到拍板交易名单,小到提高球员的技术能力,他都会参与,甚至会和亨德森这样的球员进行一对一练习,这使得他的球队陷入经营不善的局面。

这充分证明,选择一条符合自己性格偏好,能够充分发挥天赋的职业道路,对于一个人的职业发展来说非常重要。

本章总结
➢ 核心:了解自己性格的优势,是为了让自己成为更好的自己。
在体验中觉察
➢ 通过选择不同的行为方式,看到自己的与众不同。 ➢ 找房间游戏让你清楚,每个人都是独特的,性格只有差异,而没有优劣之分。 ➢ 通过对自我性格的评估,看到并接纳真实的自己。
在行动中觉察
➢ 在生活、学习和人际交往中运用自己的性格优势。

第三课

兴趣志趣早了解
——揭示兴趣

你将……

- ◇ 参与一个"兴趣岛"游戏
- ◇ 探索你的兴趣
- ◇ 认识兴趣与未来职业之间的关系
- ◇ 了解霍兰德职业兴趣理论

一个人如果能根据自己的兴趣爱好去选择事业，那么他的主动性将会得到充分的发挥。即使十分疲倦、辛劳，他也总是兴致勃勃、心情愉快；即使困难重重，他也绝不会灰心丧气，而是能想尽一切办法，百折不挠，甚至废寝忘食，如醉如痴。爱因斯坦就是一个极好的例子，他每天都在实验室里辛苦工作十几个小时，在那里吃饭、睡觉，但他丝毫不以为苦。他宣称，"我一生中从未做过一天的工作。我每天都其乐无穷。"难怪他会成为不平凡的人。

 生涯困惑

A.我没有什么兴趣爱好，平时就是写作业和学习，看着周围的同学都聊着自己喜欢的东西，而我到现在还没有发现自己的兴趣所在，我该怎么办？

B. 我平时就喜欢做做手账、看看书，但我家人一直说这又不能当饭吃。我也不知道我现在做的这些事情跟我的未来或者我以后的工作有什么关系……

你有哪些类似的困惑？

我心中的困惑

生涯体验

活动一:选择我的"兴趣岛"

你获得一次免费度假游的机会,有机会去下列六个岛屿中的一个。请不要考虑其他因素,仅凭自己的兴趣,选一个你最想去的岛屿(要求:在岛上待3个月,只能选择一个岛)。

第三课 ▶ 兴趣志趣早了解——揭示兴趣

岛屿类型	具体描述
R岛 自然原始的岛屿	岛上自然生态保持得很好，有各种野生动物。居民以手工见长，自己种植花果蔬菜、修缮房屋、打造器物、制作工具，喜欢户外运动
I岛 深思冥想的岛屿	有多处天文馆、科技博览馆及图书馆。居民喜好观察、学习，崇尚和追求真理，常有机会和来自各地的哲学家、科学家、心理学家等交换心得
A岛 美丽浪漫的岛屿	岛上有美术馆、音乐厅、街头雕塑和街边艺人，充满着浓厚的艺术文化气息。居民保留了传统的舞蹈、音乐与绘画，许多文艺界的朋友都喜欢来这里找寻灵感
S岛 友善亲切的岛屿	居民个性温和、友善、乐于助人，社区均形成一个密切互动的服务网络，人们重视互助合作，重视教育，关怀他人，充满人文气息
E岛 显赫富庶的岛屿	居民善于企业经营和贸易，能言善道。经济高度发展，处处是高级饭店、俱乐部、高尔夫球场。来往者多是企业家、经理人、政治家、律师等
C岛 现代井然的岛屿	岛上建筑十分现代化，是时尚的都市形态，以完善的户政管理、地政管理、金融管理见长。居民处事冷静，做事有条不紊，善于组织规划，细心高效

我选择去的是哪个岛？请写出岛的代码：＿＿＿＿＿＿岛。

我们在旅行途中出了一点问题，原计划是3个月的旅游时间，但是现在大家回不去了，要终身在岛上待下去。我们有一艘船，可以在各岛之间航行，把你载到想终身生活的岛上。请按照自己的意愿，选择终身生活的岛屿。

1. 你选择终身生活在哪个岛上？请写出岛的代码：＿＿＿＿＿岛。

2. 如果这个岛不让住了，还可想去哪个岛？请写出岛的代码：＿＿＿＿＿岛。

3. 如果你可以选择第三个想去的岛，是哪个？请写出岛的代码：_____岛。

4. 你绝对不会选择的岛屿是哪个？请写出岛的代码：_____岛。

如果现在你是跟班里的小伙伴一起玩这个游戏，请你按自己的第一选择，与和你在同一"岛屿"的伙伴坐在一起：

1. 交流。大家讨论为什么选择这个岛屿，看看大家有什么共同的兴趣爱好，用关键词进行归纳。
2. 合作。画一张宣传海报，内容包括：（1）小组的名字；（2）可以代表本岛的标志物；（3）设计一个一天一夜的旅游套餐，例如，游客来到你们岛上，要带他们去看什么东西、要做哪些事情。
3. 分享。用3分钟的时间向其他小组分享和展示你们的宣传海报。

活动二：班级联欢会

班级要组织一次联欢活动，需要同学们一起配合来完成，有以下几项任务。

R. 调试音响设备等需要动手的任务。
I. 设计需要逻辑推理的智力游戏。
A. 出联欢会黑板报，装饰教室。
S. 照顾班主任带来参加联欢会的6岁的女儿。
E. 向老师申请或拉赞助获得活动经费。

C. 统计活动所需物品并采购。

> 1. 你最愿意执行哪个任务？_____
> 2. 如果这个任务被选走了，其次愿意执行哪个任务？_____
> 3. 最不想执行哪个任务？_____

 生涯觉察

一、对一对——我的兴趣密码

来看看你所选择的代码背后隐藏着怎样的密码吧！

> **温馨提示**：在学习下面内容的过程中，请把你觉得符合自己特点的关键词及自己感兴趣的职业/专业圈出来。

1. R——实用型人的共同特征及职业倾向

- 喜欢具体的任务；
- 喜欢机械，动手能力强；
- 喜欢做体力工作、户外活动；
- 更喜欢与物打交道。

职业倾向：

① 技术性职业，如工程师、医生、计算机硬件组装、制图员、机械装配工；

② 技能性职业，如木匠、厨师、技工、修理工、农民等。

2. I——研究型人的共同特征及职业倾向

- 喜欢独立和富有创造性的工作；
- 喜欢分析与推理；
- 相比行动更喜欢思考；
- 好奇、勤奋、缜密、独立。

职业倾向：实验室研究员、科学家、生物学家、化学家、心理学家、工程设计师、大学教授等。

3. A——艺术型人的共同特征及职业倾向

- 直觉敏锐；

- 富有想象力、创造力；
- 追求美感价值；
- 喜欢多样性与变化；
- 善于自我表达。

职业倾向：

① 艺术方面，如演员、导演、艺术设计师、雕刻家、建筑师、摄影师、广告制作人员；
② 音乐方面，如歌唱家、作曲家等；
③ 文学方面，如小说家、诗人、剧作家等。

4. S——社会型人的共同特征及职业倾向

- 喜欢与人交往，为人友好、热情、善解人意、乐于助人；
- 善于言谈、愿意教导别人；
- 关心社会问题，渴望发挥自己的社会作用。

职业倾向：

① 教育工作者，如教师、教育行政人员；
② 社会工者，如咨询人员、公关人员等。

5. E——企业型人的共同特征及职业倾向

- 向别人推销自己的产品或观点；
- 追寻领导力与社会影响；
- 有抱负，雄心勃勃；
- 言语说服能力强；

- 爱好冒险竞争。

职业倾向：销售、管理人员、政治家、律师、市场部经理、电视制作人、保险代理等。

6. C——事务型人的共同特征及职业倾向

- 喜欢有条理、程序化的工作；
- 愿意听从指示；
- 讲究规矩和精确；
- 个性谨慎。

职业倾向：会计、文秘、职员、系统分析师等。

二、学一学——霍兰德人格理论

> **温馨提示**：在学习下面内容的过程中，请把你觉得符合自己特点的关键词及自己感兴趣的职业/专业圈出来。

1. 霍兰德理论

美国心理学家霍兰德是著名的职业指导专家，他提出了人格类型与职业匹配理论。他认为，某一类型的职业通常会吸引具有相同人格特质的人，这种人格特质反映在职业上，就是职业兴趣。

大多数人的职业兴趣可归纳为六种类型：实用型（R）、研究型（I）、艺术型（A）、社会型（S）、企业型（E）和事务型（C）。

2. 六种兴趣类型的总结

兴趣类型	特点	最热衷的事	最讨厌的事
实用型（R）	手脚灵活，擅操作，爱运动	摆弄机器或工具	大型社交活动
研究型（I）	理性、精确，求知欲和思维能力强	复杂的推理论证	游说别人
艺术型（A）	理想化、崇尚美、个性、创新，有激情	创造有美感的新事物	单调重复、按部就班
社会型（S）	爱社交、重人脉，乐于助人	其乐融融地和别人打成一片	独自操作机器或工具
企业型（E）	喜欢竞争，追求掌控感	在辩论中胜利，或组织、指导	复杂深奥的纯理论研究
事务型（C）	有条理，循规蹈矩，脚踏实地	组织或整理繁冗的信息和资料	快速应对出其不意的变化

3. 霍兰德兴趣类型与专业

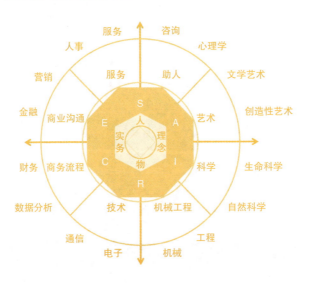

R	I	A	S	E	C
工学类的大多数专业，如机械设计制造及其自动化、土木工程、电气工程及其自动化、能源与动力工程等； **农学类**的大部分专业。 **体育类**的运动训练专业。	**工学类**的计算机科学与工程、软件工程等； **理学类**的数学与应用数学、物理学、化学、天文学、海洋科学等； **医学类**的临床医学、口腔医学等、生命科学。	**艺术类**的大部分专业，如环境设计、音乐表演、舞蹈编导、动画、摄影； **工学类**的建筑设计和工业设计专业。	**教育学类** **管理学类**的公共关系管理； **历史学类** **医学类**的护理专业； **文学类**	**管理学类**的大部分专业，如市场营销、工商管理等； **经济学类**的保险学、投资学等； **法学类**	**管理学类**的财务、会计学、行政管理、文秘、统计学、物流、交通运输、信息管理等。

生涯行动

第三课 ▶ 兴趣志趣早了解——揭示兴趣

行动一：生活中，做哪些事会让你觉得愉快呢？请写出 8 件自己喜欢的日常活动，并与同学分享你喜欢的理由。

序号	喜欢的日常活动	喜欢的理由
1		
2		
3		
4		
5		
6		
7		
8		

归类一下，你喜欢做的事有什么共通之处呢？请试着根据这些活动的特性，看看自己的兴趣主要落在哪些兴趣类型里？

行动二：体验与升华

1. 从体验活动中，你学到了什么？

2. 从体验活动中，你发现自己有哪些兴趣倾向？有哪些反思？

3. 从这些发现与反思中，你体悟到了什么？找到了哪些关联？

4. 如何将体悟到的关联运用到学习与生活之中，从而检验体悟，提升觉察力？

行动三：将之前圈出来的符合自己特点的关键词及自己感兴趣的职业/专业，写在下面的表格中。

符合我的关键词：

感兴趣的职业/专业：

案例示范

同样是游泳，不同兴趣类型的人感兴趣的点可能就不一样。比如：

实用型(R)的人，可能就是好好地游泳，专注于游泳这件事；

研究型(I)的人，可能会一边游泳，一边思考和探索与游泳相关的各种问题；

艺术型(A)的人，可能更加关注泳姿的优美和动作的舒展等；

社会型(S)的人，可能更偏向于想要跟一群小伙伴一起愉快地在水里玩耍；

企业型(E)的人，可能会号召大家一起来游泳，甚至开始规划怎么开游泳馆，如何经营等问题；

事务型(C)的人，可能会更关注游泳的动作是否规范和标准。

第三课 ▶ 兴趣志趣早了解——揭示兴趣

生涯拓展

如何养大一个兴趣？

一、兴趣金字塔

兴趣分为三个级别：感官兴趣（直观兴趣），自觉兴趣（乐趣）与潜在兴趣（志趣）。

（一）感官兴趣

感官（直观）兴趣很好理解，就是通过直观的感官刺激产生的兴趣——冰激凌（甜）、火锅（辣）、衣服（好看）、名车（拉风），基本都属于这个类型的兴趣,这是我们最原始的兴趣。

我们的感官兴趣是好奇、多变、不稳定的。所以当你在吃完烤鱼的路上,会突然对冰激凌感兴趣,你被一件衣服吸引进商店,又马上对旁边的披肩产生了兴趣。在这个层面上,我们和追逐毛球的小猫没有什么不同,一旦那个球不在了,我们就转过头去,追逐路边的一只老鼠。外界的刺激决定着感官兴趣的长度和强度,这是我们最动物性的一面。

也正是因为这样,感官兴趣让我们当时感觉很爽,却又无法让我们集中精力在任何一个事物上。正如你刷完一天微博,或者大吃一顿自助餐后感觉到的那样——没有什么可以留下深刻的印象。

(二)自觉兴趣(乐趣)

幸好我们是高级动物,可以发展出更高一级的兴趣即在情绪参与下,把兴趣从感官推向了思维,也由此产生了更加持久的兴趣——自觉兴趣。

自觉兴趣是认知行为参与的兴趣。当我们感觉一首歌好听时，如果再能了解到歌词背后的故事，知道歌者的经历与自我诠释，我们就会对歌曲产生新的兴趣，这就是自觉兴趣。

自觉兴趣比感官兴趣更高级，第一个原因是思维的加入，这让我们的兴趣更加持久并定向在一个领域，从而在脑子里面形成回路，产生能力。而能力又反过来让我们能体会和学习更多。"能力—兴趣"的循环，让我们慢慢精通某项能力，打开一扇新世界的大门。兴趣推动学习，学习带来了行动，在行动中发展出能力，能力又促使我们发展出更大的兴趣。

自觉兴趣比感官兴趣更高级，第二个原因是它能使我们不再依赖外界刺激，可以自己把控。当我们把兴趣的源头从外求转为内寻时，我们就有了一个让自己变得有趣的内在源泉。

（三）潜在兴趣（志趣）

人类最高的兴趣等级就是潜在兴趣，也称为志趣。志趣的秘密不仅在于有感官和认知能力，还加入了更深一层的内在发动机——志向与价值观。

持续投入的兴趣带来知识和能力，而这些能力为我们带来更多的乐趣。知识越来越多，能力越来越强，能够做的事情越来越多。一个人越是强大，诱惑也就越多，那么到底哪一个乐趣能够真正成为永不能满足的乐趣，带领我们穿越无常的一生呢？

答案就是：符合你志向并与你的价值观结合的那个乐趣。

严格说来,志趣已不仅仅是兴趣,那是我们把感官兴趣通过学习变成能力、通过能力在众多价值中找到自己最有力量的一种生涯管理技术,这是我们养大一个兴趣的终极目标。

二、兴趣饲养攻略

兴趣饲养三步法:

第一步,让自己先沉浸在足够多的感官体验中,获得兴趣的第一步动力。

第二步,在感官兴趣还没有消退时,尽快掌握更多的知识,使自己的感官兴趣进化到自觉兴趣。

第三步,给自己找一个兑换价值的方式,把这个兴趣和你最感兴趣的价值绑定。别把自己的目标设定得太高,以免产生失落感。

不断地重复这个过程,兴趣就会慢慢固化下来。

比如说你要培养健身的兴趣,第一步最好是认识一群健身的人——最好以前是和你一样的胖子——身边待着,让自己饱受刺激;翻出大学毕业时穿的衣服,让自己饱受刺激;偶尔生一场病,让自己饱受刺激……

总之,有一天你认定这样下去快不行啦。这时候,你冲出去跑步,三圈以后心跳加速,回来吹冷风还感冒了一次。一个兴趣就这

第三课 ▶ 兴趣志趣早了解——揭示兴趣

么被你养死了。

这时候，你应该做的第二步是尽可能多地搜集相关的知识和信息，发展直觉兴趣。知道自己的 BMI 指数（身体质量指数），了解大部分人是如何减肥的，知道什么减肥方法不靠谱、什么方法好一些，了解适合自己的方式，知道什么能吃什么不能吃……一直到自己切实想根据这些知识动一动为止。

于是你买了一个体重计，计算自己每天摄入的热量，知道吃什么不吃什么，现在你热情满满地准备锻炼啦。但是在开始之前，请务必执行兴趣饲养的第三步：找到一个把成果与价值观连接在一起的目标。要记得这个目标有两个要求：第一是要与你真正看重的价值观绑定，第二是不要设计得太难，以至于自己有挫败感。

比如说我每次要减肥总是没有动力：第一，因为我不太在意外表（太帅了对讲课不好啊，人家看不到我英俊背后的智慧啊，我总对自己这样说）；第二，我觉得浪费时间，还不如看看书呢。看出来没有？智慧为上是我的重要价值观。

一直到有一个理由说服了我：如果每天锻炼一小时，人能多活 5～10 年，这应该是赚到了——人应该是越老越智慧，所以你其实是赚到了更多的时间可以思考。同时，锻炼能让你每天精力更充沛，更好地看书和工作。价值找到了，再设计一个比较合理的目标，比如一个月减五斤，先做两个月，健身的兴趣慢慢就培养起来了。

选摘自古典《你的生命有什么可能》

本 章 总 结

➢ 核心：了解霍兰德职业兴趣理论，探索自己的职业兴趣类型。

在体验中觉察

➢ 在兴趣岛游戏中去发现自己感兴趣的类型。
➢ 在小组讨论中去觉察自己是否属于某一兴趣类型。
➢ 在画关键词的过程中觉察自己的兴趣类型。

在行动中觉察

➢ 做自己感兴趣的活动时，有意识地去觉察自己喜欢做的事有什么共通性。

第四课

潜能优势早发现
——探寻潜能

你将……

◇ 经历一个闯关游戏,探寻自己的潜能
◇ 绘制自己的多元智能饼图
◇ 了解加德纳多元智能理论

每个人都是一个独立的个体,都有自己的特点和擅长的方面。有些人擅长学习,有些人擅长与人沟通,有些人擅长动手制作,有些人擅长演讲等等,这些都是已经发掘的能力。其实每个人还有很多隐藏的、没有开发的能力,那就是我们潜在的能力。如果我们能更好地认识自己,发掘一个或者更多的潜在能力,那么我们一定会成长得更好!

生涯困惑

A. 我感觉身边的很多同学都多才多艺,看着他们有些唱歌很好,有些跳舞很好,有些运动很好,还有些画画非常好……可是我看自己,除了每天努力学习,成绩还可以之外,就没有什么其他擅长的了。所以有时候我很自卑,感觉自己没有什么特长和能力。我也想去挖掘一下,让自己的生活丰富一些。有什么好办法可以让我知道自己具有哪些能力呢？或者有没有什么方式可以提升我的各方面能力呢？

B. 我也常常觉得自己什么都不行，但语文老师常常夸我，说我能把一个复杂的问题用几句话就表达清楚；数学老师也常常夸我，说我推导公式的能力强。这有用吗？我的成绩总是像过山车一样，时好时坏，越容易的题目越容易做错。我不知道我有哪些特长或特别之处。

你有哪些类似的困惑？

我心中的困惑

生涯体验

活动一：闯关大挑战

在兴趣探索部分，我们一起体验了"兴趣岛"，去了我们最想待的岛。但是，在进入各个岛之前，都有一个冒险游乐世界，其中有八道关卡，必须成功挑战其中一道关卡，你才能进入这个岛。你想挑战哪一道？

关卡	挑战内容
A	背诵一段100字以上的歌词或是诗歌
B	根据情境中提供的逻辑推理题，指认出"《蒙娜丽莎》被盗案"的窃贼
C	跳一段舞蹈或是演一段哑剧来模仿某一个同学的特征
D	完整准确地哼唱一首歌曲
E	当场辨认10个人的情绪状态，并且各用一句话赞美
F	现场完成一份自我分析报告，包括自己的优缺点等
G	辨识各种动植物的觉察力大考验
H	三分钟画出你喜欢的人物形象或是某地的地图

我最想挑战的是关卡_____，因为_____。
我最有把握的是关卡_____，因为_____。

活动二：小试牛刀

从下面圈出 5～7 个自己擅长的活动，并根据自己的擅长程度进行排序。

> 文字游戏　养鱼　写日记　拼插模型　猜谜　写诗歌　拼图　下象棋　写歌词
> 朗读　栽花种树　设计　打球　观察天气　涂鸦　单独思考　户外活动
> 帮助别人　吹口哨　唱歌　聊天　摄影　讲故事　团队游戏　志愿工作
> 跳舞　照顾宠物　规划人生目标　反省或者考虑自己觉得重要的问题
> 电脑游戏　打鼓　模仿　打拍子　调查研究问题　看地理或科学类杂志
> 教别人东西　手工艺制作

按擅长程度排序为：_____

_____

_____

生涯觉察

一、学一学——多元智能理论

> 温馨提示：在学习下面内容的过程中，请把你觉得符合自己特点的关键词及自己感兴趣的职业/专业圈出来。

1983年，哈佛大学心理学教授加德纳通过大量的心理学研究证据认为，人类思维和认识世界的方式是多重的，进而提出了一种旨在认识独立个体所具有的不同认识类型和能力的多元理论思想，他称之为"多元智能理论"。

第四课 ▶ 潜能优势早发现——探寻潜能

1. 语言智能

是指用言语思维、用言语表达和欣赏语言深层次内涵等方面的能力。表现为运用口头语言或文字，表达自己的思想并理解他人，灵活掌握语音、语义和语法。

对应的职业：作家、律师、编辑、记者、翻译、演说家等。

2. 逻辑数学智能

是指有效地计算、测量、推理、归纳、分类，并进行复杂数学运算的能力。这项智能包括对逻辑的方式和关系的陈述和主张，对其功能及其他相关的抽象概念具有敏感性。

对应的职业：计算机软件开发、金融师、医生、律师、化学家、物理学家等。

3. 空间智能

是指准确感知视觉空间及周边一切事物，并且能把所感觉到的形象以图画的形式表现出来的能力。这部分人对色彩、线条、形状、空间关系很敏感。

对应的职业：向导、室内设计师、建筑师、摄影师、画家等。

4. 身体运动智能

是指善于运用整个身体来表达思想和情感，能灵巧地运用双手制作或操作物体的能力。通常表现为拥有特殊身体技巧，如平衡能力、协调能力、敏捷性、弹跳性和速度等。

对应的职业：演员、舞者、运动员、雕塑家、机械师等。

5. 音乐智能

是指人敏感地感知音调、旋律、节奏和音色的能力。表现为对音乐的节奏、音调、音色和旋律的敏感，以及通过作曲、演奏和歌唱等表达音乐。

对应的职业：歌手、指挥、作曲家、乐队成员、音乐评论家、调琴师等。

6. 人际交往智能

是指对他人的表情、说话、手势动作敏感，并能对此做出有效反应的能力。表现为个人能觉察体验他人的情绪情感，并做出适当的反应。

对应的职业：心理辅导、公关、推销及行政等需要组织、联系、协调、领导等能力的工作。

7. 博物（自然）智能

是指能认识植物、动物和自然中其他事物（如云和石头）的能力。自然智能强的人，在生物科学上的表现较为突出，有强烈的好奇心和求知欲，有着敏锐的观察能力，能了解事物的细微差别。

对应的职业：自然保护者、农夫、兽医、生物学家、地质学家、天文学家等。

8. 内省智能

是指认识自己的能力。表现为能正确把握自己的长处和短处，能控制自己的情绪、意向、动机、欲望，对自己的生活有规划，能自尊、自律，会吸收他人的长处，常常静思以便规划自己的人生目标，爱独处，以深入自我的方式来思考，喜欢独立工作，有自我选择的空间。

对应的职业：心理辅导、神职等。

二、对一对

1. 相信你通过上面的学习已经了解了八大多元智能,下面试着结合多元智能理论去看看,在前面的闯关大挑战中,你最有把握的那道关卡对应的是哪一个智能呢?

我最有把握的是关卡_____,对应的是_____智能。

2. 再试着将前面的小试牛刀中你擅长的活动进行归类,看看自己哪些方面会强一些。

语言智能:
逻辑数学智能:
空间智能:
身体运动智能:
音乐智能:
人际交往智能:
博物(自然)智能:
内省智能:

结合上面两项活动和自我觉察,按顺序写出三个你具备的智能类型:

_____

_____

第四课 ▶ 潜能优势早发现——探寻潜能

三、试一试

活动体验:

在你所乘的时空机器中,服务员为你准备了可口的食物,以补充身体的能量,你想选择哪一种?

食物套餐	补充的能量
A	不但能写得一手好文章,与人交谈时,也能够滔滔不绝,风趣幽默
B	逻辑清晰、思维敏捷、遇事冷静富有理性,就像名侦探柯南一样。办事时创意灵感会连续不断地产生
C	浑身都充满了活力,对用双手创作的作品与身体的表演,都充满了兴趣与激情
D	音乐的演奏、欣赏与创作水平很高,感受力强。对歌曲的音色、节奏,都能敏锐地分辨出来
E	就像拥有了神奇的读心术一样,能洞察周围人的想法、情绪,也能够与朋友、家人、同学建立良好的关系
F	能够从水晶球中看见自己的特质、兴趣、想法、情绪等,并通过这些信息形成自尊、自律和自制的能力
G	对生活中接触的动植物以及那些非生物会自然产生兴趣,喜欢与周遭事物相处
H	对于色彩、线条、流行感等视觉上的刺激特别有感觉,对空间的感受力特别强

我最想吃的是_____餐,对应的是_____智能。

生涯行动

行动一：请结合本章所学内容以及对自己在平时生活和学习中的觉察，绘制"我的多元智能饼图"。请用彩色笔从圆的中心开始涂色，觉得这个智能越强的，就涂越多格的色。

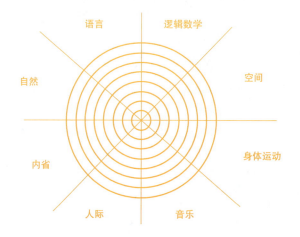

行动二：练习培养多元智能

1. 语言智能（A）

讲故事、做词汇游戏、快速阅读、朗诵、背诵、辩论、讨论问题、编短句、访谈、制作简报、演讲、信息加工、写作……

2. 逻辑数学智能（B）

看图说话、看漫画、读绘本、看侦探小说、提问题、出智力题、设计和实施实验、编程、下棋、阅读自然科学书籍……

3. 空间智能（H）

玩拼图、搭积木、走迷宫、电子游戏、想象、文字转换图像、思维转换制图、作画、制作艺术品、涂鸦、书法、素描、雕刻、构图、辨方向，识别人脸……

4. 身体运动智能（C）

踢足球、玩泥巴、书写、滑雪、双手操作、拆装儿童玩具、模仿动作、学习舞蹈、郊游、实际操作、边走边背单词、表演木偶剧……

5. 音乐智能（D）

欣赏音乐、打节拍、拍手、听音乐会、参加音乐团、弹钢琴、唱歌改编音乐、为课文或书籍设计背景音乐……

6. 人际交往智能（E）

主持班会、参加公益活动、参与小组合作学习、和同学交流讨论、参加社团活动、多任务管理、组织管理……

7. 博物（自然）智能（G）

观察以及比较各种事物的相同点和不同之处，收集小石头、动物羽毛、树叶，饲养宠物、养植物、亲近自然、从事园艺活动、郊游、摄影、观察自然界、写观察日记……

8. 内省智能（F）

设定目标与计划、独处、写日记、自我反思、自我评价、描述自己的感觉、读名人传记、发现他人的优点、接受他人的反馈、时间管理……

行动三：体验与升华

1. 从体验活动中，你学到了什么？

2. 从体验活动中，你发现自己有哪些智能比较强？有哪些反思？

3. 从这些发现与反思中，你体悟到了什么？找到了哪些关联？

4. 如何将体悟到的关联运用到学习与生活之中，从而检验体悟，提升觉察力？

第四课 ▶ 潜能优势早发现——探寻潜能

行动四：将之前所圈出来的符合自己特点的关键词及自己感兴趣的职业/专业，写在下面的表格中。

符合我的关键词：

感兴趣的职业/专业：

案例示范

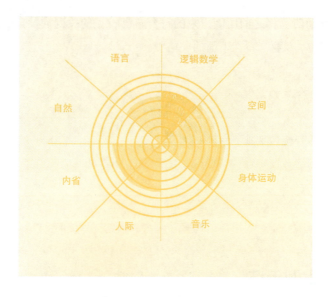

这是小崔的多元智能饼图。画完之后，他说他终于理解了自己为什么那么喜欢骑自行车，那么喜欢组装各种自行车配件。因为他的运动智能、逻辑智能和空间智能是最强的。而他选定的专业是机械工程，这是一个以自然科学和技术科学为理论基础，结合生产实践中的技术经验，研究和解决在开发、设计、制造、安装、运用和修理各种机械中的全部理论和实际问题的应用学科。该专业符合他这几个表现比较强的智能。

如果可以的话，他希望未来能成为赛车手的后援，给车手提供足够强大的技术支持，甚至希望成为一名赛车手。

第四课 ▶ 潜能优势早发现——探寻潜能

生涯拓展

皮尔·卡丹：给生活一个漂亮的转身

皮尔·卡丹从小喜欢舞蹈。16岁那年，他只身一人来到巴黎，满怀信心地要在这里实现自己的梦想：做一名出色的舞蹈演员，让全世界的人为他鼓掌喝彩。

然而，因为家境贫寒，两手空空，皮尔不得不先找份工作。在找工作的日子里，由于他没有任何特长，几乎跑遍了整个巴黎，也没找到挣钱的机会。在走投无路的情况下，他只好去一家缝纫店当学徒工。他苦恼自己的理想无法实现，甚至认为，与其这样痛苦地活着，还不如早早结束自己的人生。在绝望之时，他突然想起了从小就崇拜的"芭蕾音乐之父"布德里，他决定给布德里写一封信，把自己的苦恼告诉他，并请他收下自己做学生。

很快，布德里教授回了信。他在信里写道："人生在世，现实与理想总是有一定的距离，在理想与现实生活中，人首先要选择生存。学习舞蹈不仅需要良好的天赋，更需要金钱做后盾，如果你的经济条件不是很好，就不要往这条路上挤了，那样会使你痛苦一生的。"

虽然布德里教授说得很有道理，但皮尔还是无法理解，仍然对前途感到十分迷茫。

一天夜晚，他独自去了一家酒吧。正当他喝得醉眼迷糊时，一位绅士模样的中年男人偕夫人向他走来，对他说："孩子，你喝多了，快回家去吧，你的父母一定很着急地等你回去。"他不知道这位中年男人是当地一位有名的伯爵，于是很不耐烦地对中年男人说："我没有家，也没有喝多，这与你有关系吗？"

正在此时，伯爵夫人走到他跟前，好奇地打量着他身上的衣服，并摸了摸，然后赞叹地问道："孩子，你这身衣服是哪里买来的？非常时尚啊！"皮尔答道："这样的衣服还用买吗？是我自己做的。"伯爵夫人很惊讶地说："孩子，如果这衣服真是你设计和裁剪的，我可以肯定，过不了多长时间，你就会成为服装界的佼佼者。"伯爵夫人的话让他猛然省悟。回来后，他认真思考，夫人的话说得很有道理，其实最适合自己的事情还是做裁缝，那不仅是自己最擅长的行当，也能解决目前最紧迫的生活问题。就在那一刻，皮尔下定决心，要努力学习缝纫技术，做一名优秀的裁缝，让自己做的衣服以自己的名字命名，然后畅销全世界。

第四课 ▶ 潜能优势早发现——探寻潜能

10年后,他终于如愿建立了自己的公司和服装品牌,不但成了令人瞩目的亿万富翁,而且以他的名字命名的产品也遍及全球。此人就是举世闻名的服装设计巨匠皮尔·卡丹。

很显然,皮尔·卡丹的成功,来自于对自己优势的发现。美国政治家富兰克林说:"宝贝放错了地方就是废物。"当你在人生的十字路口看不到一丝希望时,正确的办法是,要记得给生活一个漂亮的转身,去选择最能够使自己全力以赴的,最能够使自己的长处得以充分发挥的职业。当你转身后,定会迎来一个精彩灿烂的人生历程。

本 章 总 结

➢ 核心:了解自己的多元智能。

在体验中觉察

➢ 在闯关游戏中看到自己比较有优势的智能。
➢ 在关键词的记录过程中觉察自己的智能。

在行动中觉察

➢ 在平时生活和学习中有意识地扬长补短,发挥自己的优势智能,提升自己的弱势智能。

第五课

大学专业早知晓
——了解专业全貌

你将……

- ◇ 认识大学和大学专业
- ◇ 探索大学专业,把这些专业与自己进行关联
- ◇ 探索自己的目标大学

专业联系着今后的职业和当前自己的学业。如果缺少对专业的充分了解，也就缺乏对自己的正确评估。高考后几天之内要从众多的专业中选择自己的专业，真是大海捞针，无从下手。对大学专业的迷茫会使高中学习缺乏科学的规划，导致动力不足；进入大学也会产生各种困扰，对专业不满，就业满意度低。如果我们能在专业选择上早做规划——做到知己知彼，选择自己喜欢的并且适合自己的专业，就能更好地激发自己的潜力，实现人生价值。

生涯困惑

A. 小李在选择专业的时候犯了难，于是请教身边的亲朋好友。有人说现在金融是个热门专业，选热门专业肯定没错；有人说师范专业就业率高、收入稳定有保障，选师范专业就是端上了铁饭碗；有人说外语类专业今后出国的机会多……究竟什么才是真正的"好

第五课 ▶ 大学专业早知晓——了解专业全貌

专业"呢?

B. 我国现在有多少所高校?我国的高校分为多少种?大家常说的"985""211"到底是什么?什么是双一流建设高校?都有哪些大学?大学里那么多的专业具体是干什么的?我到哪里去找到相关的信息呢?

你有哪些类似的困惑?

我心中的困惑

生涯体验

活动一：专业名称抢答赛

目前，我国高校共有 700 多个专业，请以小组为单位进行限时 1 分钟抢答赛，看哪个小组说出的专业数量最多。

A 组：_____
B 组：_____
C 组：_____
D 组：_____
E 组：_____

活动二：名人对对碰

以小组为单位，请各组选择一位你们喜欢或者比较欣赏的名人，也可以是你们想去了解的名人，这位名人可以来自不同的行业

领域。选好之后请完成以下问题:

1. 我们要介绍的名人是＿＿＿＿＿＿＿＿＿＿＿＿＿＿＿＿＿。

2. 他的头衔是＿＿＿＿＿＿＿＿＿＿＿＿＿＿＿＿＿＿。

3. 他的工作领域是＿＿＿＿＿学科门类,属于＿＿＿＿＿本科专业类。

4. 他的故事简介是＿＿＿＿＿＿＿＿＿＿＿＿＿＿＿＿＿
＿＿＿＿＿＿＿＿＿＿＿＿＿＿＿＿＿＿＿＿＿＿＿＿。

5. 我们发现这位名人特别的地方是＿＿＿＿＿＿＿＿＿。

6. 经过小组讨论,我们认为＿＿＿＿＿学科门类＿＿＿＿＿本科专业类需要具备:

倾向兴趣:＿＿＿＿＿＿＿＿＿＿＿＿＿＿＿＿＿＿＿

多元智能:＿＿＿＿＿＿＿＿＿＿＿＿＿＿＿＿＿＿＿

性格类型:＿＿＿＿＿＿＿＿＿＿＿＿＿＿＿＿＿＿＿

7. 在全班分享本组"名人对对碰"的探索成果。

活动三:我的大学我做主

作为一名高中生,你应该很想了解未来就读的大学。你觉得评价一所大学,最重要的是哪几个方面?想一想,并且采访你身边的同学,把你们最关心的 10 个问题写下来。

生涯觉察

一、对一对——我国大学学科门类、本科专业类

截至 2021 年 1 月 14 日，目前我国本科专业加上军事学以及于 2020 年底由教育部发布建设通知的"交叉学科"类，共有 14 个学科门类：哲学、经济学、法学、教育学、文学、历史学、理学、工学、农学、医学、管理学、艺术学、军事学、交叉学科，700 多个专业。

> **温馨提示**：在学习下面内容的过程中，请把自己感兴趣的专业类名称圈出来。

第五课 ▶ 大学专业早知晓——了解专业全貌

我国大学学科门类、本科专业类一览表

序号	学科门类	本科专业类
1	哲学	哲学类
2	经济学	经济学类、财政学类、金融学类、经济与贸易类
3	法学	法学类、政治学类、社会学类、民族学类、马克思主义理论类、公安学类
4	教育学	教育学类、体育学类
5	文学	中国语言文学类、外国语言文学类、新闻传播学类
6	历史学	历史学类
7	理学	数学类、物理学类、化学类、天文学类、地理科学类、大气科学类、海洋科学类、地球物理学、地质学类、生物科学类、心理学类、统计学类
8	工学	力学类、机械类、仪器类、材料类、能源动力类、电气类、电子信息类、自动化类、计算机类、土木类、水利类、测绘类、化工与制药类、地质类、矿业类、纺织类、轻工类、交通运输类、海洋工程类、航空航天类、兵器类、核工程类、农业工程类、林业工程类、环境科学与工程类、生物医学工程类、食品科学与工程类、建筑类、安全科学与工程类、生物工程类、公安技术类
9	农学	植物生产类、自然保护与环境生态类、动物生产类、动物医学类、林学类、水产类、草学类
10	医学	基础医学类、临床医学类、口腔医学类、公共卫生与预防医学类、中医学类、中西医结合类、药学类、中药学类、法医学、医学技术类、护理学类
11	管理学	管理科学与工程类、工商管理类、农业经济管理类、公共管理类、图书情报与档案管理类、物流管理与工程类、工业工程类、电子商务类、旅游管理类
12	艺术学	艺术学理论类、音乐与舞蹈学类、戏剧与影视学类、美术学类、设计学类

资料来源：教育部《普通高等学校本科专业目录（2020年版）》

二、看一看——中国大学知多少

1. 人们常说的 985 大学和 211 大学是什么？985 大学和 211 大学有什么区别？

985 指 985 工程重点建设的大学。"985 工程"建设任务为机制创新、队伍建设、平台建设、条件支撑和国际交流与合作等五个方面；采取国家、共建部门和高等学校三级管理方式，以高等学校自我管理为主；建设实行项目管理和绩效考评。

211 指 211 工程建设的大学。"211 工程"，即面向 21 世纪，重点建设 100 所左右的高等学校和一批重点学科的建设工程。

985 大学与 211 大学的区别：

（1）二者地位不同：211 大学是国家"重点"建设院校；985 大学则是其重中之重。

（2）二者建设任务不同：211 大学建设内容是指：重点学科、公共服务体系、师资队伍以及基础设施建设；985 大学建设内容是指：机制创新、队伍建设、平台建设、条件支撑以及国际交流合作。

（3）二者管理制度不同：211 大学以主管部委或地方政府的管理为主，建设项目均实行项目法人责任制、招投标制和工程监理制；985 大学以学校的自我管理为主，建设实行项目管理制和绩效考评制。

2. 什么是"双一流"大学?"双一流"大学和985大学、211大学的区别是什么?

双一流就是世界一流大学和一流学科,简称"双一流"。建设世界一流大学和一流学科,是中共中央、国务院作出的重大战略决策,也是我国高等教育领域继"211工程""985工程"之后的又一国家战略,有利于提升我国高等教育综合实力和国际竞争力,为实现"两个一百年"奋斗目标和实现中华民族伟大复兴的中国梦提供有力支撑。

"双一流"大学和985大学、211大学的区别如下:

(1)985、211侧重对大学的评定,"双一流"侧重对学科的评定。

无论是"985工程"的39所大学(含国防科技大学)还是"211工程"的100多所大学,都是基于对学校综合实力的整体评价。而"一流大学建设高校"和"一流学科建设高校",则是先有"一流学科建设高校"名单,再在此基础上选出"一流大学建设高校"。也就是先看一所大学有没有若干个很强的学科(专业),再根据学科综合实力来评定一所大学的强弱。

(2)985是211的"升级版"(211包含985),"双一流"则不存在交叉。

如果说211是重点班，985就是重点班里的重点班。"985工程"大学均为教育部或其他中央部委直管，也称部属高校；除985外的"211工程"大学则多为省部共建高校，地方属性更强一些。但985大学都是211大学。

"双一流"则是两个平行的评价体系。"一流大学建设高校"重在一流学科基础上的学校整体建设、重点建设，全面提升人才培养水平和创新能力，共计42所，在原来39所985大学基础上新增3所。

"一流学科建设高校"重在优势学科建设，促进特色发展，共计95所。除了之前的大部分"非985"211大学外，主要增加了26所特色明显的高校。

（3）985、211是固化的标签，"双一流"则是有进有出。

985、211高校名单确定已有20余年，这两项工程对促进我国高等教育发展发挥了巨大的作用。

而"双一流"是一个动态建设过程，遴选认定不是一劳永逸的。教育部明确提出："双一流"建设以学科为基础，对建设过程实施动态监测，根据评价结果等情况，对实施不力、进展缓慢、缺乏实效的，提出警示并减小支持力度。对于建设过程中出现重大问题、不再具备建设条件且经警示整改仍无改善的高校及学科，及时调整出建设范围。建设期末，将根据期末评价结果等情况，重新确定下一轮建设范围，有进有出，打破身份固化，不搞终身制。

第五课 ▶ 大学专业早知晓——了解专业全貌

985工程院校名单

序号	学校名称	所在地
1	清华大学	北京
2	北京大学	北京
3	复旦大学	上海
4	上海交通大学	上海
5	中国科学技术大学	安徽
6	中国人民大学	北京
7	北京航空航天大学	北京
8	南京大学	江苏
9	同济大学	上海
10	浙江大学	浙江
11	南开大学	天津
12	北京师范大学	北京
13	武汉大学	湖北
14	西安交通大学	陕西
15	华中科技大学	湖北
16	天津大学	天津
17	中山大学	广东
18	北京理工大学	北京
19	东南大学	江苏
20	华东师范大学	上海
21	哈尔滨工业大学	黑龙江
22	厦门大学	福建
23	四川大学	四川
24	西北工业大学	陕西
25	电子科技大学	四川
26	华南理工大学	广东

（续）

序号	学校名称	所在地
27	中南大学	湖南
28	大连理工大学	辽宁
29	吉林大学	吉林
30	湖南大学	湖南
31	山东大学	山东
32	重庆大学	重庆
33	中国农业大学	北京
34	中国海洋大学	山东
35	中央民族大学	北京
36	东北大学	辽宁
37	兰州大学	甘肃
38	西北农林科技大学	陕西
39	国防科技大学	湖南

211工程院校名单

序号	名称	所在地	序号	名称	所在地
1	清华大学	北京	11	南开大学	天津
2	北京大学	北京	12	北京航空航天大学	北京
3	中国科学技术大学	安徽	13	中央财经大学	北京
4	复旦大学	上海	14	北京师范大学	北京
5	中国人民大学	北京	15	武汉大学	湖北
6	上海交通大学	上海	16	对外经济贸易大学	北京
7	南京大学	江苏	17	西安交通大学	陕西
8	同济大学	上海	18	天津大学	天津
9	浙江大学	浙江	19	华中科技大学	湖北
10	上海财经大学	上海	20	北京理工大学	北京

（续）

序号	名称	所在地	序号	名称	所在地
21	东南大学	江苏	44	北京交通大学	北京
22	北京外国语大学	北京	45	山东大学	山东
23	中山大学	广东	46	华东理工大学	上海
24	中国政法大学	北京	47	西安电子科技大学	陕西
25	华东师范大学	上海	48	天津医科大学	天津
26	哈尔滨工业大学	黑龙江	49	南京理工大学	江苏
27	北京邮电大学	北京	50	中国农业大学	北京
28	厦门大学	福建	51	华中师范大学	湖北
29	上海外国语大学	上海	52	中国海洋大学	山东
30	西北工业大学	陕西	53	哈尔滨工程大学	黑龙江
31	西南财经大学	四川	54	中央民族大学	北京
32	中南大学	湖南	55	华北电力大学	北京
33	大连理工大学	辽宁	56	北京中医药大学	北京
34	中国传媒大学	北京	57	暨南大学	广东
35	四川大学	四川	58	苏州大学	江苏
36	电子科技大学	四川	59	武汉理工大学	湖北
37	中南财经政法大学	湖北	60	东北大学	辽宁
38	华南理工大学	广东	61	兰州大学	甘肃
39	吉林大学	吉林	62	中国药科大学	江苏
40	南京航空航天大学	江苏	63	东华大学	上海
41	湖南大学	湖南	64	河海大学	江苏
42	重庆大学	重庆	65	北京林业大学	北京
43	北京科技大学	北京	66	河北工业大学	河北

（续）

序号	名称	所在地	序号	名称	所在地
67	北京工业大学	北京	92	太原理工大学	山西
68	江南大学	江苏	93	华南师范大学	广东
69	北京化工大学	北京	94	北京体育大学	北京
70	西南交通大学	四川	95	中国石油大学（北京）	北京
71	上海大学	上海	96	安徽大学	安徽
72	南京师范大学	江苏	97	东北林业大学	黑龙江
73	中国地质大学（武汉）	湖北	98	东北农业大学	黑龙江
74	中国地质大学（北京）	北京	99	辽宁大学	辽宁
75	西北大学	陕西	100	南昌大学	江西
76	东北师范大学	吉林	101	延边大学	吉林
77	长安大学	陕西	102	内蒙古大学	内蒙古
78	中国矿业大学（北京）	北京	103	四川农业大学	四川
79	华中农业大学	湖北	104	海南大学	海南
80	合肥工业大学	安徽	105	贵州大学	贵州
81	广西大学	广西	106	郑州大学	河南
82	中国石油大学（华东）	山东	107	新疆大学	新疆
83	陕西师范大学	陕西	108	宁夏大学	宁夏
84	南京农业大学	江苏	109	石河子大学	新疆
85	湖南师范大学	湖南	110	青海大学	青海
86	福州大学	福建	111	国防科技大学	湖南
87	大连海事大学	辽宁	112	中央音乐学院	北京
88	西北农林科技大学	陕西	113	第二军医大学	上海
89	西南大学	重庆	114	第四军医大学	陕西
90	中国矿业大学	江苏	115	华北电力大学（保定）	河北
91	云南大学	云南	116	西藏大学	西藏

第五课 ▶ 大学专业早知晓——了解专业全貌

世界一流大学建设高校（36+6 所）

世界一流大学建设高校（A类）36 所

北京大学、中国人民大学、清华大学、北京航空航天大学、北京理工大学、中国农业大学、北京师范大学、中央民族大学、南开大学、天津大学、大连理工大学、吉林大学、哈尔滨工业大学、复旦大学、同济大学、上海交通大学、华东师范大学、南京大学、东南大学、浙江大学、中国科学技术大学、厦门大学、山东大学、中国海洋大学、武汉大学、华中科技大学、中南大学、中山大学、华南理工大学、四川大学、重庆大学、电子科技大学、西安交通大学、西北工业大学、兰州大学、国防科技大学

世界一流大学建设高校（B类）6 所

东北大学、郑州大学、湖南大学、云南大学、西北农林科技大学、新疆大学

世界一流学科建设高校 95 所

北京交通大学、北京工业大学、北京科技大学、北京化工大学、北京邮电大学、北京林业大学、北京协和医学院、北京中医药大学、首都师范大学、北京外国语大学、中国传媒大学、中央财经大学、对外经济贸易大学、外交学院、中国人民公安大学、北京体育大学、中央音乐学院、中国音乐学院、中央美术学院、中央戏剧学院、中国政法大学、天津工业大学、天津医科大学、天津中医药大学、华北电力大学、河北工业大学、太原理工大学、内蒙古大学、辽宁大学、大连海事大学、延边大学、东北师范大学、哈尔滨工程大学、东北农业大学、东北林业大学、华东理工大学、东华大学、上海海洋大学、上海中医药大学、上海外国语大学、上海财经大学、上海体育学院、上海音乐学院、上海大学、苏州大学、南京航空航天大学、南京理工大学、中国矿业大学、南京邮电大学、河海大学、江南大学、南京林业大学、南京信息工程大学、南京农业大学、南京中医药大学、中国药科大学、南京师范大学、中国美术学院、安徽大学、合肥工业大学、福州大学、南昌大学、河南大学、中国地质大学、武汉理工大学、华中农业大学、华中师范大学、中南财经政法大学、湖南师范大学、暨南大学、广州中医药大学、华南师范大学、海南大学、广西大学、西南交通大学、西南石油大学、成都理工大学、四川农业大学、成都中医药大学、西南大学、西南财经大学、贵州大学、西藏大学、西北大学、西安电子科技大学、长安大学、陕西师范大学、青海大学、宁夏大学、石河子大学、中国石油大学、宁波大学、中国科学院大学、第二军医大学、第四军医大学

103

三、学一学——科学、理性地认知与探索专业

我们可以通过查看、接触、体验的方式来认知与探索一个专业，具体做法如下图所示。图中的"近"指的是同学们容易获取的方式方法，"远"指的是同学们不太容易获取的方式方法。

1. 如何了解某个大学某个专业的培养目标及主干课程？

以探索清华大学的"能源与动力工程"专业为例，来看看这个专业的本科阶段培养目标、主干课程。

查询路径为：

用互联网搜索引擎中搜索"清华大学"——进入清华大学官方网站——院系设置——机械工程学院能源与动力工程系——教学工作——培养特色/课程介绍——本科生，即可看到"本科生培养目标"和"本科生课程目录"，截图如下：

第五课 ▶ 大学专业早知晓——了解专业全貌

思考：看完这两个截图，你觉得这个专业和高中的哪门科目高度挂钩？

2. 如何认识某个大学的某个专业（类）实力？

国家每4年进行一次大学的学科评估，学科评估是教育部学位与研究生教育发展中心（简称学位中心）按照国务院学位委员会和教育部颁布的《学位授予与人才培养学科目录》（简称学科目录）对全国具有博士或硕士学位授予权的一级学科开展整体水平评估。2002年首次开展，截至2017年完成了四轮。

评估按照"自愿申请、免费参评"原则，采用"客观评价与主观评价相结合"的方式进行。评估结果按"分档"方式呈现，具体方法是按"学科整体水平得分"的位次百分位，将前70%的学科分9档公布：前2%（或前2名）为A+，2%~5%为A（不含2%，下同），5%~10%为A-，10%~20%为B+，20%~30%为B，30%~40%为B-，40%~50%为C+，50%~60%为C，60%~70%为C-。

以天文学专业类为例，看看我国大学该领域的实力排序。

查询路径为：

用互联网搜索引擎搜索找到"第四轮学科评估高校评估结果"——理学——天文学

截图如下：

第五课 ▶ 大学专业早知晓——了解专业全貌

四、选一选——我的选科我做主

2014年9月,国家颁布了《关于深化考试招生制度改革的实施意见》,标志着我国高考改革的启动。这一轮高考改革是全国逐步推行的,2014年9月,上海市和浙江省面向新高一学生开始实施新的制度,2017年6月一批试点高中生正式参加高考。2017年9月,北京市、天津市、山东省、海南省4个地区的新高一学生也开始实行新制度。2018年9月,广东省、江苏省、湖南省、湖北省等8个地区加入新高考。到2020年9月,全国所有地区全部进入新高考。

新高考关键词1:"7选3"或"3+1+2"

国家高考改革政策提出,学生可以根据高校报考要求和自身特长,在物理、化学、生物、历史、政治、地理六科中,自主选择三科计入高考总分,高校需要提前向社会公布各专业的选考科目要求,供学生参考。为了尝试多种可能性,国家在第一批试点的上海和浙江采取了不同的选科模式,上海市6选3,浙江则增加了技术,即7选3。经过上海和浙江三年的试验,全国其他省市将结合所在地区情况决定选考模式。2019年4月23日，全国8个省市（重庆，辽宁，江苏，福建，湖南，湖北，广东，河北）宣布采取"3+1+2"选考模式。

新高考关键词2：分层走班

根据新高考政策的要求，学校需要满足学生不同的选科组合要求，开足课程组合，不得限制学生的选择，那就意味着学校需要满足学生对所有科目的学习需求，并且还要考虑同一个科目不同水平的学习需求，为了实现这个目标，学校需要将过去的固定行政班教学改成分层走班的模式，也就是每个学生一张课表，根据自己的选考科目，到不同的教室上课。

分层走班的优势在于满足学生的多样化学习需求，教师教学更有针对性，学生学习也有更多的选择。但在上海和浙江大规模实行分层走班教学之后，也暴露出了很多的问题。比如学生的自我管理能力不足，不能合理安排自己的时间，班级凝聚力降低，班级管理变得有些混乱。为了应对这些问题，教育局一直在探讨更好的教学管理模式。

新高考关键词3：学业水平考试

为了促进中学教育培养和高校招生选拔的科学发展，2014年教育部提出在全国逐步实施普通高中学业水平考试制度，简称学业水平考试，学业水平考试分合格考和等级考。其中合格考的科目包括语文、数学、外语、物理、化学、生物、政治、历史、地理、艺术、体育、技术，也就是国家高中课程的所有科目。合格考的成绩呈现方式是合格或不合格，考试时间是学完一门考一门，为了避免学生轻视合格考科目的学习，教育部建议合格考分散在高中三年进行。等级考的科目包括物理、化学、生物、政治、历史、地理，考试成绩以等级方式呈现，计入高考总分，学生可自主选择三科参加等级考，不选的科目不用参加等级考，只需要参加合格考。

高中生应该如何选科？

在前面的章节里，我们探索了"我是谁""我的性格""我的职业兴趣""我的多元智能"。在系统梳理个人天赋特质的基础上，我们可以选择适合自己的专业（类）。然后根据"第四轮学科评估高校评估结果"，查找到该专业（类）实力强的大学，这就是你高中三年的奋斗目标！接下来，再查询该大学的这个专业（类）在本省招生的选考科目要求，就可以确定选科类别。

以浙江省（"7选3"科目）考生小琴为例，来看看她的选考科目。

小琴的目标专业是：食品科学与工程。

查询全国第四轮学科评估结果中食品科学与工程的专业排名情况，原来该专业实力强的大学有在北京的中国农业大学、江苏省无锡市的江南大学、江西省南昌市的南昌大学……以2021年江南大学在浙江的招生为例，查询该专业（类）的选考科目要求，查询结果为：物理、化学、生物三门科目，考生均需选考方可报考。

根据"全国第四轮学科评估结果""食品科学与工程"专业高校排名情况如下图。

第五课 ▶ 大学专业早知晓——了解专业全貌

以江南大学为例。江南大学各专业（类）选考科目要求如下图。

2020年拟在浙招生普通高校专业（类）选考科目要求

	学校名称：江南大学		学校代码：10295
层次	专业(类)名称	选考科目要求	类中所含专业
本科	通信工程	物理(1门科目考生必须选考方可报考)	
本科	环境工程	化学,生物(2门科目考生选考其中一门即可报考)	
本科	电气工程及其自动化	物理(1门科目考生必须选考方可报考)	
本科	物联网工程	物理(1门科目考生必须选考方可报考)	
本科	计算机科学与技术	物理(1门科目考生必须选考方可报考)	
本科	自动化	物理(1门科目考生必须选考方可报考)	
本科	化学工程与工艺	物理,化学,生物(3门科目考生选考其中一门即可报考)	
本科	应用化学	物理,化学(2门科目考生选考其中一门即可报考)	
本科	高分子材料与工程	化学(1门科目考生必须选考方可报考)	
本科	服装与服饰设计	不提科目要求	
本科	服装设计与工程	物理,化学(2门科目考生选考其中一门即可报考)	
本科	纺织工程	物理,化学(2门科目考生选考其中一门即可报考)	
本科	酿酒工程	化学(1门科目考生必须选考方可报考)	
本科	生物技术	化学(1门科目考生必须选考方可报考)	
本科	生物工程	化学(1门科目考生必须选考方可报考)	
本科	食品质量与安全	物理,化学,生物(3门科目考生均需选考方可报考)	
本科	食品科学与工程	物理,化学,生物(3门科目考生均需选考方可报考)	

生涯行动

请选择你最感兴趣的一个专业（类）进行探索查询。

专业名称	
所属学科大类、专业类	
专业内涵	
选择专业	
高中挂钩学科	
授予学位	
大学主干课程	
教育部第四轮学科评估中该专业（类）排名情况	
我的目标大学	

第五课 ▶ 大学专业早知晓——了解专业全貌

案例示范

　　小明从小就喜欢自己动手修理自行车，拆装电风扇、收音机。自从家里买了微波炉以后，又痴迷于微波加热，总在思考微波炉为什么能使用塑料碗，但不能使用不锈钢的碗。后来得知微波炉无法穿透金属，反弹后的微波波长会被改变并四散折射，失去稳定性，极易引起爆炸与火灾。小明便对微波研究产生了浓厚的兴趣。在日常生活中，只要看到中国移动、中国联通的基站，小明总会停下来观察半天，回家就查资料琢磨无线通信等知识。小明在物理课上听老师讲了很多无线通信的相关知识，很是痴迷。于是，在他小小的心里渐渐有了大大的梦想。小明希望自己长大以后能在无线通信方面有所建树。小明经多方查找资料，锁定了自己想要报考"通信工程"专业。

小明完成的探索查询作业如下：

专业名称	通信工程	
所属学科大类、专业类	工学：电子信息类	
专业内涵	学习通信技术、通信系统和通信网等方面的知识；研究信号的产生、信息的传输、交换和处理，以及在计算机通信、光纤通信、无线通信、交换与通信网等方面的理论和工程应用问题；培养从事通信工程及计算机网络系统的研究、制造、开发和应用的高级人才	
查询方式	手机上网、电脑查询	
高中挂钩学科	物理、数学	
授予学位	工学学士	
大学主干课程	电子科学与技术、信息与通信工程、计算机科学与技术、电路理论与应用的系列课程、计算机技术系列课程、数字电路、模拟电路、信号与系统、电磁场理论、数字系统与逻辑设计、数字信号处理、通信原理等	
教育部第四轮学科评估中该专业（类）排名情况	A+	北京邮电大学、电子科技大学
	A	清华大学、上海交通大学、西安电子科技大学、国防科技大学
	A-	北京交通大学、北京航空航天大学、北京理工大学、哈尔滨工业大学、东南大学、解放军信息工程大学、解放军理工大学
	B+	北京大学、天津大学、大连理工大学、哈尔滨工程大学、南京邮电大学、浙江大学、中国科学技术大学、华中科技大学、华南理工大学、西南交通大学、重庆邮电大学、西安交通大学、海军航空工程学院、空军工程大学
	B	中国传媒大学、中北大学、东北大学、上海大学、南京大学、南京航空航天大学、南京理工大学、厦门大学、山东大学、武汉大学、武汉理工大学、深圳大学、四川大学、西北工业大学
	B-	大连海事大学、吉林大学、苏州大学、中国矿业大学、河海大学、合肥工业大学、中山大学、桂林电子科技大学、重庆大学、宁波大学、西安邮电大学、装备学院、海军工程大学
我的目标大学	北京理工大学	

第五课 ▶ 大学专业早知晓——了解专业全貌

生涯拓展

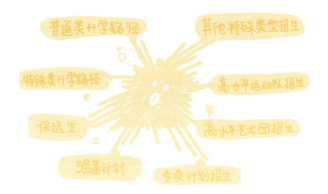

高校招生的类别与升学路径

高校招生大部分是普通类（或文史类、理工类）招生，其他类型的招生常被称作特殊招生。特殊招生并没有严格的定义，一般是指普通高校招生中的一些特殊类型或特殊政策，大多数特殊类型招生仍然要求考生参加全国统一高考，并按规定程序录取。个别特殊类型招生，比如保送生、体育单招生等不需要参加全国统一高考，采取单独的选拔录取方式，特殊类型招收的考生入学后的待遇一般与普通类考生相同。

1. 普通类升学路径

大多数考生一般选择普通类升学路径。普通类招生考试科目为三门必考科目，即语文、数学、外语以及三门选考科目。例如，浙江省为"7选3",湖北、湖南、重庆、河北、福建等地为"3+1+2"。新高考综合改革前一般分为文史类、理工类,考试科目一般是语文、数学、外语,外加文科综合或理科综合。

2. 特殊类升学路径

(1)艺术类

考生须通过艺术专业考试。艺术专业考试包括校考和省级统考两种形式,取得艺术专业考试合格证的考生还须参加全国统一高考,按艺术类院校的录取程序录取。

(2)体育类

考生须参加所在省、自治区、直辖市招生办公室统一组织的体育专业考试,也要参加全国统一高考。考生依据招生办公室公布的院校招生专业目录和学校招生章程填报志愿。

3. 保送生

符合保送条件的学生应向有关学校或部门提出保送申请,并通过大学综合考核,合格后即可进入大学就读。一般来说,省级优秀学生、中学生学科奥林匹克竞赛国家集训队成员、部分外国语中学推荐的优秀学生、公安英烈子女、退役运动员五类具有高校保送资格。

4. 强基计划

强基计划主要选拔有志于服务国家重大战略需求且综合素质优秀或基础学科拔尖的学生,由有关高校结合自身办学特色,重点在数学、物理、化学、生物及历史、哲学、古文字学等相关专业招生。2020年起，原有高校自主招生方式不再使用，强基计划起步阶段，教育部遴选了36所一流大学建设高校展开试点。

在招生选拔模式方面，由高校依据考生的高考成绩，确定参加高校考核的考生名单。考生参加统一高考和高校考核后，高校根据考生高考成绩、高校综合考核结果及综合素质评价情况等，按比例合成考生综合成绩（其中高考成绩所占比例不得低于85%），按考生综合成绩由高到低进行录取。对于极少数在相关学科领域具有突出才能和表现的考生，有关高校可制订破格入围高校考核的条件和办法，并提前向社会公布，考生须参加统一高考。

5. 专项计划招生

国家专项计划招生： 中央部门所属高校、各省（市、区）所属重点高校向一些省份的特殊困难县、国家级扶贫开发工作重点县等实施招生，招生计划由教育部统一下达，单独设置志愿填报及录取批次，在录取分数上会有一定程度的优惠。

> **以湖北省为例，2021年国家专项计划的报考条件为：**
>
> 按照教育部有关文件精神，专项计划实施区域的贫困县脱贫后，2021年仍可继续享受专项计划政策规定。
>
> 国家专项计划生源范围为：秭归县、长阳土家族自治县、五峰土家族自治县、恩施市、利川市、建始县、巴东县、宣恩县、咸丰县、来凤县、鹤峰县、十堰市郧阳区、郧西县、竹山县、竹溪县、房县、丹江口市、保康县、孝昌县、大悟县、团风县、红安县、罗田县、英山县、蕲春县、麻城市、阳新县和神农架林区等28个县（市、区）。

同时具备以下条件的考生经自愿申请和资格审核公示合格后，可以报考国家专项计划：（1）符合2021年统一高考报名条件；（2）本人具有实施区域当地连续3年以上户籍，其父亲或母亲或法定监护人具有当地户籍；（3）本人具有户籍所在县（市、区）高中连续3年学籍并实际就读。

地方专项计划招生：定向招收各省（区、市）实施区域的农村学生，招生学校为各省（区、市）所属重点高校。具体实施区域、报考条件由各省（区、市）根据本地实际情况确定，实施区域要对本省（区、市）民族自治县实现全覆盖。单独设置志愿填报及录取批次，在录取分数上会有一定程度的优惠。

以湖北省为例，2021年地方专项计划的报考条件为：

地方专项计划生源范围为：阳新县、武当山特区、丹江口市、郧阳区、郧西县、竹山县、竹溪县、房县、张湾区、茅箭区、监利市、洪湖市、远安县、兴山县、秭归县、长阳县、五峰县、当阳市、南漳县、保康县、谷城县、孝昌县、大悟县、团风县、红安县、罗田县、英山县、浠水县、蕲春县、麻城市、通城县、崇阳县、通山县、恩施市、利川市、建始县、巴东县、宣恩县、咸丰县、来凤县、鹤峰县、神农架林区等42个县（市、区）。

全湖北省符合2021年统一高考报名条件的考生，符合下列1、2项条件之一的，经自愿申请和资格审核公示合格，可以报考地方专项计划：

一、（1）考生户籍在以上42个县（市、区）；（2）本人及父亲或母亲或法定监护人户籍地在实施区域的农村，本人具有

> 当地连续三年以上户籍；（3）考生具有以上42个县（市、区）高中连续三年学籍并实际就读。
>
> 二、（1）全省不包括42个县（市、区）考生，本人及父亲或母亲或法定监护人户籍地在实施区域的农村，本人具有当地连续三年以上户籍；（2）考生具有我省乡镇（不含县、市、区政府所在地）中学连续三年学籍并实际就读。

高校专项计划招生：又称农村学生单独招生，是国家为更好地促进教育公平，让更多的农村学生上大学而出台的一项优惠政策，主要招收边远贫困少数民族等地区，含县级市以下勤奋求学、成绩优良的农村高中学生。高校专项计划招生全部使用高校专项计划报名系统报名。

6. 高水平艺术团招生

高水平艺术团招生是指一些高校为了丰富校园文化生活而招收少量具有艺术特长的考生，考生参加艺术测试合格后，可享受降分录取的优惠政策。考生被高校录取之后进入普通专业学习，并利用课余时间参加文艺排练和演出。

7. 高水平运动队招生

报考高水平运动队的考生，其竞技水平要达到比较高的程度，考生要经过报名、测试、高考等几个环节的严格筛选，才能被高校顺利录取。教育部对高水平运动队招生项目也有明确的规定，各高校招生人数不得超过本校上一年度本科招生计划总数的1%。

8. 其他特殊类型招生

其他特殊类型招生包括军队院校招生、空军招飞、民航招飞、公安刑警司法类、免费师范生、免费医学生等，一般除高考成绩达到要求之外，政治条件、体格条件和相关具体要求也要符合具体院校的要求，考生可以到"阳光高考"信息平台查询相关院校的招生简章。

部分省市大学招生方式举例

浙江省：统一高考招生、高职提前招生、单独考试招生（即单招，高职院校专业、部分普通高校应用型本科专业采用该种形式招生）、三位一体招生。

北京市：统一高考招生、高职院校分类考试招生、综合评价录取。

上海市：统一高考招生、高等学校自主招生、高等学校春季考试招生、高职院校分类考试招生。

查询升学路径相关资讯的主要网站

阳光高考教育部高校招生阳光工程指定平台；教育部阳光高考信息公开平台；所在省市教育考试院网站；各高校招生官方网站。

部分高校招生官方网站

北京大学本科招生网：https://www.gotopku.cn/

北京航空航天大学本科招生网：http://zs.buaa.edu.cn
四川大学本科招生网：http://zs.scu.edu.cn
武汉大学本科招生网：http://aoff.whu.edu.cn
复旦大学本科招生网：http://www.ao.fudan.edu.cn
吉林大学本科招生网：http://zsb.jlu.edu.cn
中国科学技术大学本科招生网：http://zsb.ustc.edu.cn
国防科技大学本科招生网：http://www.gotonudt.cn 或 http://www.nudt.edu.cn

升学路径相关信息的获取方式

1. 网站：例如教育部及所在省市阳光高考信息平台、所在省市教育考试院、高校招生网等。
2. 书籍：例如所在省市教育考试院所出版的招生指南、招生计划。
3. 报纸杂志：如《高校招生》《考试与招生》《招生考试报》等。
4. 向当地招生办、高校招生办等打电话咨询或当面询问。
5. 学校的通知：教育部门通过学校向学生发布的各类招生信息。
6. 生涯人物访谈：向学长了解升学的路径及相关的人生故事。

我的升学路径条件大盘点

请查阅所在地区招生委员会发布的当年普通高等学校招生考试报名通知，一般在省级教育考试院可以查询到相关通知，了解统一高考的报名类别、招生工作的实施细则以及各类招生的条件。特殊招生可以到"阳光高考"信息平台和相关高校招生官网上查看报考条件和要求。对照自身的兴趣条件和资源，选择适合自己的升学路径并填写下表，按 1～10 分进行自我评估（1 分表示不符合，10 分表示非常符合）。

升学路径		我的兴趣符合程度(1～10分)	我的条件符合程度(1～10分)	我的资源预期符合程度(1～10分)
普通类升学路径				
特殊类升学路径	艺术类			
	体育类			
保送生				
强基计划				
专项计划招生	国家专项计划招生			
	地方专项计划招生			
	高校专项计划招生			
高水平艺术团招生				
高水平运动队招生				
其他特殊类型招生				

第五课 ▶ 大学专业早知晓——了解专业全貌

本章总结

> 核心：了解我国的大学、专业（类），探索自己的大学及专业。

在体验中觉察

> 在"名人对对碰"活动中，探索大学专业、未来职业等外部世界。
> 在"我的大学我做主"活动中，觉察自己对于好大学的标准，并树立目标。
> 在和小伙伴们的讨论中，觉察自己和他人对专业的衡量标准。

在行动中觉察

> 科学、理性地认知与探索大学和专业。

第六课

职业世界早探索
——走进职业海洋

你将……

- ◇ 参加两个探索职业的小活动
- ◇ 开启对未来从事职业的思考,激发对职业世界的好奇心
- ◇ 探索大学专业与职业的连接
- ◇ 了解如何科学理性地认知一个职业

俗话说："三百六十行，行行出状元。"随着新兴产业的出现，已经有了三百六十一行、三百六十二行……一个人若能知道将来选择什么职业，如何去选择，生活的主动权就掌握在自己的手中，对生活的态度就会更加积极。

鲁迅"弃医从文"，开启了人生新的旅程，正是这样的选择，使他日后成为文坛巨匠。没有这个选择，他或许是一位悬壶济世的医生，但无法成为在思想上影响一代又一代人的精神导师。

生涯困惑

A. 在大学读什么专业，将来就会从事与专业相关的职业吗？我倒是有目标大学和专业，那进入职场后，对口的工作有哪些呢？

B. 这个世界变化很快，热门职业、新兴职业都是什么？它们有哪些显著的特点呢？

你有哪些类似的困惑？

第六课 ▶ 职业世界早探索——走进职业海洋

我心中的困惑

生涯体验

活动一：职业种类知多少

或许每个人小时候都曾憧憬过长大以后自己的工作和社会身份。请回想一下哪些工作曾一度吸引你，也可以采访一下身边的同学或者朋友，问问他们憧憬过的职业是什么。另外，从小到大你和身边的人又听说过或者接触过哪些职业呢？尽可能多地写到下面的表格里吧！

我小时候憧憬过的职业	
小伙伴们小时候憧憬过的职业	
从小到大我们听说过的职业	

活动二：我身边的职场人

每一种职业都是神圣的，都是值得尊敬的，你的家族成员从事的职业以及他们的经历可能会帮助你寻找到自己的职业和想要的生活，请将你的家族成员从事的职业填在下图的家庭"资源风车"中，并将更详细的信息填入下表。

家庭"资源风车"

称呼	职业	工作内容	入职资格以及入职过程	薪资福利	职业满意度	对我的建议

第六课 ▶ 职业世界早探索——走进职业海洋

1. 观察你的家庭"资源风车"以及表格,你有什么发现

家族中最多人从事的职业是:＿＿＿＿＿＿＿＿＿＿＿＿＿＿＿;
家人的职业集中在＿＿＿＿＿＿领域(如技术、管理、服务、研究或其他);
家人希望你从事的职业是＿＿＿＿＿＿＿＿＿＿＿＿＿＿＿;
你理想的职业是＿＿＿＿＿＿＿＿＿＿＿＿＿＿＿＿＿＿＿;
你理想的职业可以让你获得＿＿＿＿＿＿＿＿＿＿＿＿＿;
你绝对不会考虑的职业是＿＿＿＿＿＿＿＿＿＿＿＿＿＿。

2. 我对家庭"资源风车"的思考

课上请同学们自愿分享自己的家庭"资源风车",通过课内、课外活动,相信你一定有了很多收获。接下来,请你思考,哪些是你生涯发展中的资源,哪些可能成为你生涯发展中的限制。针对这些资源和限制,你现在能做什么,可以将你的思考记录在下表中。

对家庭"资源风车"的思考

资源	
限制	
针对资源和限制的行动策略:	

活动三：头脑风暴猜职业

请你根据下面这幅"工作世界地图"，开展"头脑风暴猜职业"系列活动。

工作世界地图

1. 猜猜与"游戏"相关的职业

请列举出与游戏相关的职业，并将所有联想到的职业都记录下来。可以组队竞赛，看哪一组列出的职业最多。

与游戏设计相关的职业有：_____
与游戏制作相关的职业有：_____
与游戏运营相关的职业有：_____
与游戏周边相关的职业有：_____

2. 猜猜与"我喜欢的学科"相关的职业

在现在的所有学科里，你最喜欢的是哪些学科呢？跟这些学科相关的职业又有哪些？

我喜欢的学科 1：_____
与这门学科相关的职业有：_____

我喜欢的学科 2：_____
与这门学科相关的职业有：_____

我喜欢的学科 3：_____
与这门学科相关的职业有：_____

3. 列举工作对象为孩子的职业

请尽可能多地列举出工作对象为孩子的相关工作。

_____
_____
_____
_____

生涯觉察

一、对一对——大学专业与职业

大学的教育使学生通过3~5年的专门培养，快速地掌握相应职业所需要的专业知识，但专业与职业并不是单纯的一一对应关系，更多是一对多或是多对一的关系。

（一）一对一关系

一个专业方向对应一个职业目标。这类专业一般存在于高职院校，培养目标单一明确。此类专业的技术含量比较高，对应的职业一般为专业技术人员。

（二）一对多关系

一个专业方向对应多个职业目标。这类专业一般在大学里面学习的知识比较宽泛，专业性、技术性相对来说低一些，所以，可以选择的职业比较多。从职业兴趣特征看，对应两种以上甚至六种类型的职业都有可能。由此，在确定了专业方向后，还要确定适合自己发展的职业目标。在确定职业目标时，可以与自己的职业兴趣匹配，并根据具体职业目标的标准，有针对性地学习和发展其他必要的知识和技能。

（三）多对一关系

多个专业方向对应一个职业目标。这类职业一般属于管理型的职业，如导演、项目经理、导游等。

二、看一看——职业的分类

《中华人民共和国职业分类大典》2015年版中，将我国现有的职业划分为8个大类，75个中类，434个小类，共1481个职业，此外每一年新型职业还在不断涌现。

> **温馨提示**：在学习下面内容的过程中，请保持觉察，把自己感兴趣的职业名称圈出来。

中华人民共和国职业分类大典（2015年版）

在1999年基础之上《大典》进行了修订，修订后的2015年版职业分类体系为8个大类，75个中类，434个小类，1481个职业，列出了2670个工种，标注了127个绿色职业。

大类	中类	职业描述
1. 党的机关、国家机关、群众团体和社会组织、企事业单位负责人	1. 中国共产党机关负责人	在中国共产党机关，国家机关，民主党派和工商联，人民团体和群众团体，社会组织及其工作机构，自治组织，企业事业单位中担任领导职务并具有决策、管理权的人员
	2. 国家机关负责人	
	3. 民主党派和工商联负责人	
	4. 人民团体和群众团体、社会组织及其他成员组织负责人	
	5. 基层群众自治组织负责人	
	6. 企事业单位负责人	
2. 专业技术人员	1. 科学研究人员	从事科学研究和专业技术工作的人员
	2. 工程技术人员	
	3. 农业技术人员	
	4. 飞机和船舶技术人员	
	5. 卫生专业技术人员	
	6. 经济和金融专业人员	
	7. 法律社会和宗教专业人员	
	8. 教学人员	
	9. 文学艺术、体育专业人员	
	10. 新闻出版、文化专业人员	
	11. 其他专业技术人员	
3. 办事人员、安全和消防人员，以及其他有关人员	1. 办事人员	在公共管理和社会组织机构中，从事行政业务，行政事务，行政执法和仲裁、安全保卫、消防和应急救援工作的人员
	2. 安全和消防人员	
	3. 其他办事人员和有关人员	

（续）

大类	中类	职业描述
4. 社会生产服务和生活服务人员	1. 批发与零售服务人员	从事商品批发零售、交通运输、仓储、邮政和快递、住宿和餐饮、信息传输、软件和信息技术以及金融、房地产、租赁和商务、技术辅助、生态保护、文化、体育和娱乐等社会生产服务及生活服务工作的人员
	2. 交通运输、仓储和邮政业服务人员	
	3. 住宿和餐饮服务人员	
	4. 信息传输、软件和信息技术服务人员	
	5. 金融服务人员	
	6. 房地产服务人员	
	7. 租赁和商务服务人员	
	8. 技术辅助服务人员	
	9. 水利、环境和公共设施管理服务人员	
	10. 居民服务人员	
	11. 电力、燃气及水供应服务人员	
	12. 修理及制作服务人员	
	13. 文化、体育和娱乐服务人员	
	14. 健康服务人员	
	15. 其他社会生产和生活服务人员	
5. 农、林、牧、渔业生产及辅助人员	1. 农业生产人员	从事农、林、牧、渔业生产活动及辅助生产的人员
	2. 林业生产人员	
	3. 畜牧业生产人员	
	4. 渔业生产人员	
	5. 农、林、牧、渔业生产辅助人员	
	6. 其他农、林、牧、渔业生产及辅助人员	

（续）

大类	中类	职业描述
6. 生产制造及有关人员	1. 农副产品加工人员 2. 食品、饮料生产加工人员 3. 烟草及其制品加工人员 4. 纺织、针织、印染人员 5. 纺织品、服装和皮革、毛皮制品加工制作人员 6. 木材加工、家具及木制品制作人员 7. 纸及纸制品生产加工人员 8. 印刷和记录媒介复制人员 9. 文教、工美、体育和娱乐用品制作人员 10. 石油加工和炼焦、煤化工生产人员 11. 化学原料和化学制品制造人员 12. 医药制造人员 13. 化学纤维制造人员 14. 橡胶和塑料制品制造人员 15. 非金属矿物制品制造人员 16. 采矿人员 17. 金属冶炼和压延加工人员 18. 机械制造基础加工人员 19. 金属制品制造人员 20. 通用设备制造人员 21. 专用设备制造人员 22. 汽车制造人员 23. 铁路、船舶、航空设备制造人员 24. 电气机械和器材制造人员	从事产品生产及设备制造，矿产开采，工程施工和运输设备操作的人员及有关人员

（续）

大类	中类	职业描述
6. 生产制造及有关人员	25. 计算机、通信和其他电子设备制造人员 26. 仪器仪表制造人员 27. 废弃资源综合利用人员 28. 电力、热力、气体、水生产和输配人员 29. 建筑施工人员 30. 运输设备和通用工程机械操作人员及有关人员 31. 生产辅助人员 32. 其他生产制造及有关人员	从事产品生产及设备制造，矿产开采，工程施工和运输设备操作的人员及有关人员
7. 军人	军人	军人
8. 不便分类的其他从业人员	不便分类的其他从业人员	不便分类的其他从业人员

新兴职业

为充分适应和反映人力资源开发管理需求，促进劳动者就业创业，人力资源社会保障部建立了新职业发布制度，实施职业分类动态调整。2021年3月人力资源社会保障部会同国家市场监督管理总局、国家统计局向社会正式发布了集成电路工程技术人员、企业合规师、公司金融顾问、易货师、二手车经纪人、汽车救援员、调饮师、食品安全管理师、服务机器人应用技术员、电子数据取证分析师、职业培训师、密码技术应用员、建筑幕墙设计师、碳排放管理员、管廊运维员、酒体设计师、智能硬件装调员、工业视觉系统运维员等18个新职业信息。这是《中华人民共和国职业分类大典（2015年版）》颁布以来发布的第四批新职业。

三、学一学——科学理性地认知、探索一个职业

我们可以通过查看、接触、体验的方式来认知与探索一个职业，具体做法如下图所示。

1. 国内职业信息网站、招聘网站介绍

智联招聘：http://www.zhaopin.com
前程无忧：https://www.51job.com
中华英才网：http://www.chinahr.com
应届生求职网：https://www.yingjiesheng.com/
新职业（教育部大学生就业网）：https://www.ncss.org.cn
人才热线：http://www.cjol.com

2. 接下来，介绍一下如何运用生涯人物访谈来探索职业。

生涯人物访谈，是指为了获取职场信息，通过与一定数量的职

第六课 ▶ 职业世界早探索——走进职业海洋

场人士（通常是自己感兴趣的职业从业者，即生涯人物）会谈，了解相关职业、职位的实际工作情况。

生涯人物访谈是一种获取职业信息的有效渠道，可以检验通过其他方式所获得的信息是否准确，并能帮助我们了解到一些通过大众媒体和出版物不容易获得的信息。比如潜在的入职标准、核心素质的要求、晋升路径、工作者的内心感受等。也能让我们正确地认识自己的优势和不足，从而制订出更加合理的高中学习计划，为以后可能从事的职业奠定基础，具体的访谈步骤包括：（1）锁定访谈职业；（2）寻找生涯人物；（3）预约生涯人物；（4）设计访谈问题表。

各位同学可以化身为小记者，按照下面生涯人物访谈问题表上列出的问题去访问职场人物，探索一个职业。也可以用一两天的时间进行跟班实习，和你要访问的职场人物一起去"上班"。

生涯人物访谈问题表

1. 寻找工作的方法	请问您是怎样进入这个职业或单位的？ 请问您用什么方法找到现在的工作？
2. 职业/组织兴趣	这个职业或单位最吸引您的地方？
3. 工作中的责任	单位期待您在工作上做些什么？ 在工作上您担负什么责任？
4. 产品、服务和竞争力	这个单位所生产的产品或提供的服务是什么？ 您的顾客或客户是哪一类群体？ 您主要面对的挑战和竞争是什么？

（续）

5. 所需具备的能力和资格	从事这个职业的人必须具备哪些能力或条件？ 要在工作上表现突出，最重要的能力是什么？ 从事这个职业的人具备什么特质？
6. 所需的教育背景	请问您的大学专业是什么？ 进入这个职业领域所需的专业训练是什么？ 进入这个职业需要什么执照或教育程度？
7. 价值感和个人满意度	这个职业或单位让您感到满意的是什么？ 这个职业或单位符合您的哪些价值？
8. 组织文化	在您的公司或单位中，大部分人的基本信念是什么？ 对这个单位而言，或是对在这里工作的人而言，最有意义的活动是什么？ 您所在单位的核心文化或者理念是什么？
9. 人格特质	要在这个职业或单位中获得成功或升迁，必须具备什么样的兴趣和个人特质？ 管理层要寻找的员工需要具备哪些个人品质或者条件？
10. 不满意的原因	这个职业或单位最让您感到挫折、烦恼或者不满意的是什么？ 在工作中会出现哪些内在、外在的难题让您感到不满意？
11. 独特的品质或特点	这个职业的特点是什么？ 这个职业最让您称道的是什么？
12. 工作环境	您每天通常花多少时间在工作上？ 您在工作上所花的时间是工作本身所要求的，还是单位的特殊要求？ 您的工作会不会影响您的家庭？ 工作的时候穿着打扮是什么样的？ 您大部分时间是在室内还是在户外工作？噪音的程度如何？ 工作环境或者室内的布置让您感到愉快吗？ 工作伙伴的工作态度如何？

（续）

13. 薪资范围	这个职业的起薪、平均薪资、最高薪资是多少？ 您的单位所付薪资和其他同行业单位比较起来如何？ 您的单位提供哪些福利？
14. 决策型态	这个单位领导的决策风格是什么样的？ 在您所工作的部门，是由谁来决定要做哪些工作？
15. 组织中的组织	在您的公司中，管理层的权威如何体现？ 您必须向谁汇报您的工作？ 您要监督哪些人？
16. 升迁的机会	在这个单位中获得工作升迁、加薪晋级，或者改变工作的机会如何？ 新进员工五年之后一般可以在这个单位当中扮演什么角色？
17. 工作中典型的一天	请描述一下工作中典型的一天。 下班后，您可以不带工作回家吗？
18. 相关的职业	和这个职业密切相关的其他职业是什么？ 哪些职业需要具备相同的技巧和能力？
19. 未来的展望	您如何展望这个职业的未来愿景？ 在这个职业或者单位中，工作者的人数会增加或者减少吗？ 在这个职业或单位中就业的安全性如何？
20. 改变	您认为这个职业在最近数年内会发生怎样的变化？ 我们如何应对这些变化呢？
21. 特殊难题和关注点	对于未来考虑投入这个职业或单位的人，您认为会遇到哪些特殊的难题、情况，或者挑战，是必须要预先觉察的？您如何解决这些难题或面对这些挑战？

	（续）
22. 其他的信息或建议	您的熟人中有谁能够成为我下次采访的对象吗？ 有什么是您觉得我们应该知道，而学校课堂或是书本上是不会提及的？ 我现在还处在高中阶段，您认为有哪些途径和方式，可以为未来职业做准备？
	如果将来我需要更多的咨询或者建议，还可以再和您联络，或者拜访您吗？

生涯行动

行动一：生涯人物访谈

请你化身小记者，通过采访职场人物，询问生涯人物访谈问题表中的问题，采访结束请完成以下报告（也可自行调整报告内容）。

第六课 ▶ 职业世界早探索——走进职业海洋

生涯人物访谈报告

受访者姓名			
受访者职称		单位（公司）名称	
公司地点			
工作职务		工作时间	
工作内容		工作待遇	
升迁通路			
从事此工作所需教育背景	学历： 证书： 其他：		
必备能力			
人格特质			
从事此工作的优缺点			
在校期间可做的准备			
受访者给的建议			
访谈心得			
可以努力的方向			

行动二：职业大调查

通过了解国家的职业分类，借助互联网资源查询相关信息，化身小记者完成了生涯人物访谈等一系列工作，相信你对职业有了更深入的思考。那么，现在你对哪个类别的职业感兴趣呢？

职业大调查

项目	具体内容
职业名称	
职业描述	
核心工作内容	
职业发展前景	
薪资待遇及潜在收入空间	
岗位设置及行业、企业间差别	
入门岗位及职业发展通路	
标杆人物	
典型的一天	
职业素质要求	

第六课 ▶ 职业世界早探索——走进职业海洋

案例示范

小乐从小就非常喜欢研究人的行为和心理，也非常擅长倾听别人的烦恼，并且乐于帮助他人，所以她对心理咨询师这个职业非常感兴趣，通过网站的查询以及实际的职业访谈，她完成的一份"职业大调查"如下：

项目	具体内容
职业名称	心理咨询师
职业描述	心理咨询师是指通过运用专业的心理咨询知识与方法，与来访者进行不带个人偏见的沟通，发现来访者内心冲突的深层原因，然后用专业的方法帮助其解决内心冲突、促进其发展的专业人员。 　　心理咨询的对象主要是正常而非异常的人，心理咨询可以帮助来访者一起去认识自己与社会，处理各种关系，逐渐改变与外界不合理的思维、情感和反应方式，并学会与外界相适应的方法，提高工作效率，改善生活品质，以便更好地发挥人的内在潜力，实现自我价值。

（续）

项目	具体内容
核心工作内容	心理咨询师并不仅仅在咨询室里做一对一的咨询，一般来说，不同执业状态的心理咨询师承担的工作内容会不太一样。团体心理咨询、团体心理活动、心理测试、心理健康知识讲座、心理危机干预、心理科普文章写作，以及个案内容整理等，都是心理咨询师的工作内容。
职业发展前景	心理咨询师就业的缺口仍然很大，特别是在大城市，物质生活已经极大丰富，民众对精神健康方面的追求越来越高，对心理咨询师的需求量、专业性也有更高的要求。
薪资待遇及潜在收入空间	一般心理咨询师的月薪在5000元左右，有些资深的心理咨询师的月薪也能拿到万元以上。在国内，心理咨询收费从每小时100~2000元不等。随着工作经验的积累，实战经验的增加，薪资会越来越高。
岗位设置及行业、企业间差别	虽然都是心理咨询师，但是也分不同的工作单位，比如学校里的心理咨询师，主要包括大学、中小学心理健康教育与咨询中心的专兼职心理咨询师，心理系的心理学老师等； 医院里的心理咨询师，主要做心理测量、个别心理治疗、团体心理治疗，有些还做物理治疗，但不能做药物治疗； 个体执业心理咨询师，一般需要与社会机构有合作关系，比如挂靠在当地的心理咨询机构，或者在线心理咨询平台； 其他机构的心理咨询师，如在司法、监狱系统的心理咨询师，在社区中从事心理咨询工作的咨询师等。

第六课 ▶ 职业世界早探索——走进职业海洋

（续）

项目	具体内容
入门岗位及职业发展通路	一般前3年是新手期，对咨询充满热情，对咨询特别投入，大量时间用于参加各类培训班。随着心理咨询技术的不断丰富，对咨询的理解不断深入，个人迅速成长，心理咨询的个案逐渐稳定，咨询能力增强。逐渐在行业内或领域内有了一定的知名度后会有稳定的个案来源，比如他人的转介，来访者的介绍和慕名而来的咨询者。这个阶段，心理咨询师的收入也相对可观。
典型的一天	以中学里的心理咨询师为例： 1. 7:30到校； 2. 备课、上课、批改作业； 3. 每天两小时（一般是中午和下午）接待来访的学生； 4. 整理咨询记录； 5. 心理站工作：心理小报、心理走廊等宣传工作，心理站计划和总结，心理月活动策划等； 6. 跟各个班的班主任或者心理委员了解班级情况； 7. 完成学校其他常规性事务，比如听课、写听课本、参加备课组计划讨论、写教案、磨课等； 8. 心理社/心理团辅活动； 9. 17:00下班
职业素质要求	1. 热爱心理健康教育和心理咨询工作，具备良好的职业道德和责任心，能热情细致地为来访者提供咨询服务； 2. 具有一定的观察、理解、学习、判断、表达、人际沟通、自我控制、自我心理平衡、交往控制能力； 3. 能够严格遵守保密原则； 4. 掌握多学科的知识，根据咨询对象的文化水平及接受能力不同做出相应的解答； 5. 具有心理咨询及相关专业学习经验或人力资源和社会保障部颁发的心理咨询师资格证书

生涯拓展

别忘把钥匙带上

今天下午是一个特别有意义的日子,在繁忙的学习中,我们有幸参加了学校组织的"生涯·发现之旅"实践活动,江女士的精彩演讲让我收获颇多。

生涯导师江女士是苏州科赛集团的执行总裁,是一位商界成功人士,演讲中她向我们介绍了她的创业故事。

曾经是一位中学语文老师的她不甘心只做一名普通的教员,她来到北京做了一笔很大的买卖,但不久后便亏得血本无归。可是她不放弃自己的梦想,从零开始,一路努力打拼,最后终于成功了。她心中正是因为有了目标,才会有今日的辉煌。在活动末,她说道:"一生中,我为理想打拼过,就没什么遗憾了。"这句话深深打动了我,我很钦佩江女士在当时能顶住巨大压力,不放弃自己的梦想。她的手中一直紧握着通向成功的钥匙,当她艰难地走到大门前时,不会因为没有钥匙进不了大门而哀叹,而是可以享受成功的快乐。

可是我想到,有多少人又能记得最初的雄心抱负,能持之以恒地去实现它呢?少年时,他们拥有最美好的梦、最单纯的思想、最强的求知欲。可随着慢慢长大,学习、生活的压力越来越大。他们年少轻狂,雄心勃发,仍清醒地意识到生命因梦想而精彩,要努力朝前进。只是成年后,背负着工作和家庭双重沉重的担子,繁忙的生活压得他们无法呼吸,他们不得不为生计奔波劳累,那时只能忍痛割爱,将梦想搁置在一边。日复一日,年复一年,他们变得麻木,好像成了一台赚钱的机器,全由他人掌握。至此,年老的他们已无法回头,前方是一片灰暗,只有互相安慰可以抚平一些心灵的创伤。在人生的终点,想要开启成功幸福大门时,却发现自己丧失了最珍贵的钥匙——梦想。

这是多么可悲啊!如果当时顶住了巨大压力,就能坚持走完梦想的道路,在成功大门前回望,从前的荆棘竟变成一路的玫瑰,嗅到了生命的芬芳。

导师的成功例子让我敬慕,许多人碌碌无为的一生也让我触目惊心。但我不会担心自己会成为他们的一员,因为今天的"生涯·发现之旅"给了我坚定的答案。我一定会将理想装进我的背囊,一步一步向前行,让梦想照进现实。那时,心中的蓝天将不再遥远,不再遥不可及了。

在路上,你带钥匙了吗?

苏州中学园区校　屠蕴文

本章总结

- 核心:开启对未来从事职业的思考,激发对职业世界的好奇心;
- 探索大学专业与职业的连接。

在体验中觉察

- 在"我身边的职场人"活动中,了解自己的家庭资源。
- 在"头脑风暴猜职业"活动中,激发对职业世界的好奇,对职业开启初步的探索。
- 在"职业大调查"行动中,逐步清晰地了解一个职业。

在行动中觉察

- 化身小记者做生涯人物访谈的过程中,觉察和探索职业世界与大学专业的连接。

第七课

未来之路早规划
——畅想未来

你将……

- ◇ 运用已积累的天赋和优势关键词,绘制生命树
- ◇ 与生命树对话,进一步觉察天赋与优势
- ◇ 构建未来之路

乔布斯曾经说:"你无法预先把点点滴滴串连起来;只有在未来回顾时,你才会明白那些点点滴滴是如何串在一起的。所以你得相信,眼前你经历的种种,将来多少会连接在一块儿。你得信任某个东西,直觉也好,命运也好,生命也好,或者因果报应。这种做法从来没让我失望,我的人生因此变得完全不同。"

我们现在也试着把之前探索的点点滴滴串在一起吧!

生涯困惑

A. 我前面已经探索过自己是谁以及未来想要成为的样子,也去发现了自己的性格天赋、霍兰德兴趣、优势智能以及所拥有的资源,对未来选择的专业、职业进行了了解。我现在确实更加了解自己了,可是总有一种模糊的感觉,很想再清晰一点看到自己的全貌。有什么方法可以把这些信息整合起来吗?如何清晰地看到我的未来发展之路呢?

B. 我也经常给自己规划未来,制定目标,但经常是想的时候很心动,写完的时候很激动,但没多久,这个愿景给我带来的动力就没有那么足了。这是为什么呢?有没有什么方法可以帮助到我呢?

你有哪些类似的困惑?

我心中的困惑

生涯体验

活动一：绘制你的生命树

第一步，把第一课至第四课探索过程中所记录下来的符合自己特点的关键词，都整合到下面的表格中。

我的关键词
我的人生宣言：
我的天赋禀性关键词：
我的兴趣倾向关键词：
我的多元智能关键词：

第七课 ▶ 未来之路早规划——畅想未来

第二步，按照要求绘制你的生命树

绘制小说明：

1."我的人生宣言"：宣言的字尽可能写得大一些；

2."我的MBTI"：除了填写代码之外，在每个字母下面标记上所代表的意思；

3."我的霍兰德代码""我的多元智能"：按照由强到弱各写下三个类型；

4.根据自己的理解，把所有记录下的关键词分别填到"生命树"上合适的位置，比如树根、树枝、树叶等。

活动二：描绘你的愿景图

小奕的愿景图如下。

绘制你的愿景图：

第一步，结合自己的生命树，想一想，你最想要去的大学和专业分别是什么呢？

第二步，找一些杂志或者网上的照片，把跟你愿景和目标有关的、让你看了怦然心动的图片剪下来或打印出来；

第七课 ▶ 未来之路早规划——畅想未来

第三步，准备好大的白纸、固体胶和彩笔，绘制你的愿景图；

第四步，把制作好的愿景图贴在你每天都能看见的地方。

生涯觉察

绘制完属于自己的生命树和愿景图以后，你对自己有什么新的发现呢？

1. 看着生命树上那些属于自己的天赋优势词，内心是怎样的感受呢？

2. 你现在对以后要走的方向以及真正要做的事情，是否明确了呢？心中有了愿景图，你的成长之路更清晰了吗？

3. 绘制完愿景图，你有怦然心动的感觉吗？是不是更有能量了呢？

生涯行动

行动一：与你的生命树对话

找 3~5 个朋友，彼此交换生命树，互相补充天赋优势关键词。

然后结合自己的生命树，用"优势语言"重新做一个自我介绍。

"优势语言"版的自我介绍：

行动二：与你的愿景图对话

把制作好的愿景图贴在你每天都能看见的地方，记得要跟它对话，想象这张愿景图实现的时候，自己的心情和感受。

当然，你也可以邀请别人来欣赏你的愿景图，给他们展示你的未来蓝图。

行动三：体验与升华

1. 从绘制生命树和愿景图的体验活动中，你学到了什么？

2. 从生涯体验活动中，你发现了什么？有哪些反思？

3. 从这些发现与反思中，你体悟到了什么？找到哪些关联？

4. 如何将体悟到的关联运用到学习与生活之中，以检验体悟，提升觉察力？

成为自己的生涯导师
——中学生涯教与学八堂课

案例示范

下图是小奕所绘制的生命树：

第七课 ▶ 未来之路早规划——畅想未来

小弈看着自己的生命树，两眼发光。她喜欢自己设计和动手做手工，比如设计图稿和折纸等。她对服装设计和风景园林设计都比较感兴趣，所以一直纠结和困惑该如何选择。

当她看完自己的生命树之后，发现自己更喜欢亲近大自然，更喜欢去户外，同时也喜欢与人打交道。所以她最后选定了风景园林设计专业，因为这是一门综合利用科学和艺术手段营造人类美好的室外生活环境的学科。这门学科不单纯跟景观打交道，还需要与其他非生物学科（土木、建筑、城市规划）、哲学、历史和文学艺术等学科相结合。

生涯拓展

短暂的告别，是为了更好地重逢

回望过去十五年的人生，不算完美，但每一天都生动鲜活。我曾看过夏七夕的一句话，自写字起，便只因白驹过隙，不为取悦任何人，当我看到去年浙江省高考作文题的时候，仿佛被打通了任督二脉一般，与记忆罅隙中的某一个瞬间重叠，这才恍然惊觉"写作"二字对我的影响竟是如此之深远，乃至草蛇灰线，伏脉千里。

少年时代大多数的骄傲、自信、成就感都来源于此。也曾天真地认为，我只是和其他人一样，有着小朋友的虚荣心，享受被赞扬，如果把"语文"这个学科换成数学竞赛，我一样会很开心。可是当我意识到，哪怕搞明白了奥数，英语演讲被别人肯定，所有能被赞许的东西带来的满足都无法取代写出一段让我满意的文字的快乐时，我才明白，"热爱"二字，并非浪得虚名。如果说写作是一场暗无天日的自杀，那么文字便是唯一的解药。

儿时以诗启蒙，读两三遍就会背的能力让我一度觉得自己很聪明，虽然在物理考了四十分的时候幻想破灭。十一岁时在清晨五点用稚嫩的笔触描摹着一个女孩儿的故事，偶尔和别人聊起以前的事时还会提及此事，却总是有种近乎落泪的冲动，这样简单而美好的热爱，我想往后余生里我很难再遇到了。十四岁时遇到初中的语文老师，在电脑前字斟句酌地改着自己的文章，最后变成了杂志上的铅字，第一笔稿费就这样不期而遇。后来作文多次被印成范文发给全年级，一直以来对文言文独特的热爱，喜欢用写东西的方式自娱自乐，排解难以言说的晦涩情绪，这一切的一切都指向同一个事实，我热爱写作，热爱语文。我想，说热爱是需要勇气的，但在这个年纪，我能够这样讲，我也有底气这样讲。

不能忽略的一件事是，我们都不具备天然认识自己的能力，许多人至死也不明白自己想要的究竟是怎样的人生，只有在一次次经历的堆叠中才能看清真实的自我，与真实的自我握手言和。我慢慢了解作为一个独立的个体，自己到底在追求些什么，也并没有别人看到的那样恬然无谓，可是时至今日，文字之于我的意义，早已不再是旁人赞许的目光和抽屉里蒙尘的奖状。我因此与许多志同道合的朋友相识，他们大多和我一样，喜欢诗词，喜欢文字，向往的人生甚至都如出一辙，对酒当歌，人生有味，总有一个瞬间抚掌大笑，直到笑出泪花。其中几位朋友，直到今天，也依旧对我的人生有着或多或少的影响。我珍惜每一份意料之外的心有灵犀和感同身受，总是要收获点什么，才对得起被折叠过的时光。

第七课 ▶ 未来之路早规划——畅想未来

我明白，长大是一件很辛苦的事，消化得起恶意和苦楚，别人的抑或是自己的。就像漂浮在云端的感情终于有了落脚点，悄无声息注入每一个孤独的夜晚，白纸黑字足够合诗下酒，月光和星河百炼成钢最终熔铸成灵魂的底色，淬火过后刷上一层漂亮的漆，明天起床，依旧热爱生活。我喜欢万物明朗未来可期，也乐于把自己的生活捣鼓得更生动一点，凡此种种，不过是为了更多的"不一样"，聊以慰藉浮生寂寞，欢娱短暂。

当我意识到自己真正想要的是怎样的人生以后，我放下了这些年对中文系的执念，去学了美术，选择了艺考这条路，因为这能让我进入更好的学校。得知这件事的人都和我说："我觉得好可惜，你为什么不念中文系？"但我相信自己的选择，我始终知道我要的是什么。短暂地告别这个专业，是为了未来站在更高的地方与它重逢。去往罗马的道路数不胜数，"热爱"也可以有很多种形式。

同时，我也相信，无论成功与否，去挑战和改变现在的自己，活出更好的不一样，是每一个成熟的人都应该去做的正确选择。

浙江省杭州第十一中学　韩丹

本章总结

核心：整合自己的内外资源，绘制生命树和愿景图。
在体验中觉察
➤ 在绘制生命树的过程中再一次去觉察和强化自己的天赋优势。 ➤ 在绘制愿景图的过程中看到未来的生涯之路。
在行动中觉察
➤ 用行动来呈现自己的生命树和愿景图。

第八课

成长之路早起航
——构建成长方案

你将……

- ◇ 绘制一幅生命蓝图
- ◇ 用成长之轮,让理想之花绽放起来
- ◇ 在每一天的行动中连接当下与未来
- ◇ 努力实现梦想,你已经走在了成为自己的路上

你的生命之树已经呈现在面前,你非常清楚自己想要成为什么样的人,这给你很大的动力和安慰,在你心中有了明确的目标,也看到了自己多元发展的可能性,这节课我们会利用一些生涯工具,帮助你落实自己的行动目标,让梦想在行动中闪亮。

 生涯困惑

A. 心中有目标,很憧憬,但是又不知道每天该从哪里做起,如何入手。每天对着遥不可及的目标,心中有一些焦虑和失落。爸妈总在不断地催促我,经常说我好高骛远,定的目标不着边际。我为什么会有目标没行动,到底应该怎么做?

B. 某段时间自己要做什么是清晰的,但是会莫名出现一些干扰,比如看不到自己整体的优势,对自己还是有些信心不足,怀疑自己做不到。

第八课 ▶ 成长之路早起航——构建成长方案

C. 心里虽然已经有了决定,但是否能按自己的决定去实施呢?很多事都在变化,我不知道下一刻会如何。

你有哪些类似的困惑?

我心中的困惑

生涯体验

活动一：绘制属于我的生命蓝图（参照本课的案例示范）

第一步，我的使命（身份或角色）与天赋是什么？它们是否一致？

我的生命蓝图

(李萍©2014)

第二步，我的人生宣言、性格天赋、兴趣倾向、多元智能是什么？它们之间有哪些关联？

第八课 ▶ 成长之路早起航——构建成长方案

我的生命蓝图

第三步，在诸多的选择中，我选择哪几个专业、哪些大学？

我的生命蓝图

第四步，我的大学目标和愿景是什么？

我的生命蓝图

第五步，我的大学目标和愿景之所以实现了，那是因为我做了哪些事？

我的生命蓝图

活动二：我的生命之花·幸福之轮

生命之花·幸福之轮又称理想之花·成长之轮，是一个平衡轮，它能够让我们更好地达成目标，主要帮助我们：看到生活的全貌；发现自己真正想要做的事情，并将它们排入自己的生活日程。它是把目标引导到实际行动的非常有效的工具。

绘制生命之花·幸福之轮的步骤如下：

第一步，请写出你要成为的那个人。

第二步，写出近期你要达成的目标。

第三步，判断你近期要达成的目标能不能让你成为自己想成为的人，如果答案是否定的，请重新调整你的目标，直到跟你想成为的人方向一致。

第四步，如果你已经达成了以上这个目标，那是因为你做了哪8件事？你可以从学习、生活、休闲、重要他人、个人成长等维度来考虑，也可以从个人、家庭、学校、社会等方面考虑，并将其填入幸福之轮内。

第五步，分析自己的现状，给各项打分（用1~10分表示满意度，1分代表满意度很低，10分代表满意度很高），将分数填入每个维度的小扇形区域内，如果你没有头绪，可以参考图"某高三学生绘制的成长之轮"绘制。

第六步，思考一下，就自己目前的状况看，从哪个方面开始努力对自己的提升最大，并且这个方面提升了也可以带动其他方面随之提升（即找到杠杆点），做一个标记，我们接下来可以聚焦在这个维度。

第七步，如果这个聚焦的维度提升了 1 分，那是因为你做了什么？

第八步，如果这个聚焦的维度效果又提升 1 分，那是因为你在第七步的基础上又做了哪些事？

第九步，如此一来，你是否清晰了每个步骤要做的事情？是否明确了如何让这个维度一步步向"非常满意"的方向发展？并且这个维度的提升真的带动了其他维度的分值上升。

但真实的状况可能会是这样，当刚才聚焦的那个维度提升到七八分的时候，你觉得再继续在这个维度提升，可能对于其他维度的影响会越来越小。这表明你的现状已经发生了变化，这时候你要重新问一问自己，此时的你从哪一个维度开始努力，对自己的提升最大。再重复第七到第九个步骤，如此这样不断地循环，不断调整。

第八课 ▶ 成长之路早起航——构建成长方案

我的人生宣言：_____

近期要达成的目标：_____

我的生命之花·幸福之轮

某高三学生绘制的成长之轮

生涯觉察

一、悟一悟

（一）绘制完属于自己的生命蓝图以后，你对自己有什么新的发现呢？

1. 看着生命蓝图上那些属于自己的天赋优势词，内心是怎样的感受呢？

2. 看着自己的生命蓝图，你对自己的哪些方面更加确定了？

3. 你现在对真正要去做的事情以及之后要走的路，心里有方向了吗？你打算先从哪些事开始做起呢？

第八课 ▶ 成长之路早起航——构建成长方案

（二）书写完自己的生命之花·幸福之轮后，你有哪些发现呢？

1. 生命之花上的几个方面是否平衡？你更加关注哪些方面？

2. 是否更加清晰了自己生活的全貌，看到了更丰富的世界？

3. 如果现在就开始第一步的行动，你会选择做什么？

写完自己的觉察后，你对自己的了解和未来的目标，以及接下来的行动一定是更清晰。那些你曾经做过的事情、所付出的努力都是与你的愿景紧密相连的。

二、学一学

生命之花·幸福之轮是一个平均分成 8 等份的圆，每个等份代表着不同的维度（关键词），我们对每个维度以 1～10 分来评价自己的满意度。

这些维度可以是学习、生活、休闲、个人成长、家庭、健康、朋友、环境等，维度的内容会随着你所处阶段的目标不同而有所改变。

此外，你对每个维度的打分也会随着时间的变化而发生变化。比如，同样的学习状态，开学时你可能还觉得自己很苦，但期中考试后你又觉得自己很充实，因为你对待学习的态度发生了改变。我们在不同时期的聚焦维度是不一样的，因此看法也会不一样。

通过幸福之轮这个工具让我们注意到,哪些维度是需要我们马上关注的;我们采取哪些行动会改变这个维度的状况;当这个维度发生变化后,我们的生活会发生哪些变化;我们下一步应该采取哪些行动。

在生活和学习中遇到困惑时,我们可以通过这个工具更直观和清晰地去了解自己需要关注的维度。当我们锁定目标后,就去寻找实现目标的方法,去建立自己的思维网络,要知道任何事情都会有大于三种的解决方法。

生涯行动

把生命之花·幸福之轮中的目标,进一步分解成小目标及可执行的计划,最后落实到月计划和周计划中。

第八课 ▶ 成长之路早起航——构建成长方案

○ 月要事概览

星期一	星期二	星期三	星期四	星期五	星期六	星期日
星期一	星期二	星期三	星期四	星期五	星期六	星期日
星期一	星期二	星期三	星期四	星期五	星期六	星期日
星期一	星期二	星期三	星期四	星期五	星期六	星期日

本周要事	星期一	星期二
重要合作伙伴		
	小确幸：	小确幸：

星期三	星期四	星期五
小确幸：	小确幸：	小确幸：

星期六	星期日	本周小结
		本周满意度
		满意度完成事项
		改进与提高
小确幸：	小确幸：	本周心情 ○　自我激励 ○

第八课 ▶ 成长之路早起航——构建成长方案

案例示范

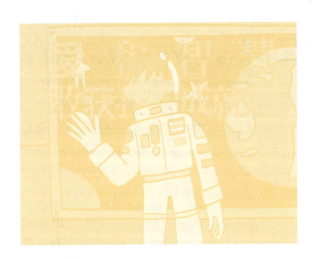

小初的生命蓝图

"老师，我很喜欢航空航天，但是我也喜欢中国合伙人那样的创业，所以我不知道我到底应该往哪个方向去走。"这是我们一见面时小初就提出的问题。

探索过后，小初说他想成为一个"以爱与智慧收获成就感"的人，也慢慢发现了自己拥有好奇、探索、创新、合作等天赋与优势，看重人际关系与和谐。当厘清自己对航空航天感兴趣的原因是火箭发射那一刻有强烈的自豪感和成就感，对中国合伙人感兴趣的是向往其中的团队合作精神，而不是财富的创造时，他将大学目标锁定北京航空航天大学。

同时他也发现自己的想象能力、空间能力以及逻辑推理能力都很强，很小的时候就制作过很多与航空航天有关的图片和影片，现在最喜欢看的书是《果壳中的宇宙》。于是他更加坚定了自己的目标，也开始为此做了一系列的计划。

生涯拓展

第八课 ▶ 成长之路早起航——构建成长方案

愿你过上我从未看见与理解的生活

亲爱的弯弯：

在你出生的第 68 天，我亲爱的外婆，你的太姥姥去世。我在上海临时取消回北京的机票，飞到深圳送外婆离开。看到在外婆身边哭得那么伤心的妈妈。我一次次地告诉她，外婆并没有真的离开：她的样貌留在了你我身上，她给长工送糖的故事让我们善良，她的辛劳让家里兴旺，她的生命变成了我们的，我们的也会变成你的，而她用完了自己的生命，就离开了。

这其实才是生命的真相。生命是一场破坏性的创造。

我在产房看着你出生，你的出生给妈妈带来巨大的痛苦。你每天吃的奶水，是妈妈身体的消耗。当你慢慢长大，妈妈的身材样貌也都逐渐改变，活力从她的身上走到你的身上。你六个月以后开始吃到的米汤，广义地说，也需要毁掉一些植物生命。你日后喜欢吃的牛肉、香肠，也需要毁掉一些动物的生命。为了延续你的生命，你必须结束他们的生命，他们的生命变成了你的。虽然听起来残酷，但是这却是生命的常识。这常识在你进入社会之后会被很多东西掩饰过去，青菜、肉类都会小心翼翼地包装在超市的食品袋里面，胜者和负者的故事被分开来讲，以至于你永远看不到——当你在创造的时候，你在一定在破坏。

所以弯弯，重要的不是小心翼翼地活着，谁也不伤害，谁也不得罪，谁都喜欢你，这不可能。关键是创造你自己的生命——让自己活出意义来，活出特色来，活得让自己对得起因为你失去生命的牛牛羊羊猪猪们，对得起人们为你注入的生命。

好的生命不是完美，也不是安全，而是值得。

我要讲的第二件事是关于世界的。弯弯，这个世界并不公平。不知道你长大以后，幼儿园的阿姨会怎么教你？但是在你出生的时候，有个月嫂阿姨在我们家工作，她每天只睡几个小时，30多次被你的哭闹唤过去，却很爱你地呼应你拍着你，她真心喜欢你，绝不是为了钱。相比她的辛苦，她的收入并不高，她做着一份在爸爸妈妈看起来不羡慕的工作，但是也有很多其他阿姨羡慕她。

你的阿姨并不比我们笨，也和你的爸爸妈妈一样努力，但是她的生活并没有我们好，这并不公平。她在你出生头第一个月陪在你身边的时间比我和妈妈还要多。但是等你长大，你会忘记他，而记得爸爸妈妈。这也不算公平。即使这样，还有很多其他的阿姨羡慕你的月嫂阿姨，因为她们也许更加累，却没有一样的收获，这更算不公平。

亲爱的弯弯，这个世界并不公平。努力能在一定程度上改变命运，但是不一定能完全改变。

所以记得，与别人相比是没有意义的。那虽然是所有人的第一反应，但是那是一种永无宁日，绝无胜算的自我折磨。如果你有能力，记得要和自己比，让自己过得好一些。理解自己的心有多大。给人生做加法带来快乐，做减法带来安心，加加减减到让自己舒服。世界虽然没有给每个人提供完美生活，但是却给每个人足够的资源拿到他们应得的。

如果你能活得再好一些，那么去帮帮那些过得比你差的人——

尤其是那些活得不够好还很努力的人，你和他们，最有能力改变这个世界。要对世界有信心，它正在变好。怎么找到这个机会？好好地观察你身边的人，包括你自己。你的麻烦背后就是你的天命。

我要讲的第三件事关于你与世界的关系。你要过得认真一些。从你出生到离开的这段时间里，只有 3 万多天，而等到你能认这封信时，你已经花掉 2000 多天了。还有最后那么 4000 多天，你老得精力无几。所以记得要认真地生活。

那么，认真和努力一定能成功吗？我要给你讲一个努力银行的童话：

有个叫上帝的人，他开了一间努力银行。

每个人都有一个自己名字的努力账户。每个人每天都在往里面存自己的努力。有的人存得多，有的人存得少。有的人第二天就取，有的人则很多年以后一次性取出来。

上帝在干什么呢？

上帝要保证每个人账目公平，不能有错账。上帝还要标注那些存努力存得最多的金卡客户，给他们分配更多的回报。上帝很忙很忙。

但总是这样，总是那么几个最努力的人有最多回报，这工作也太不好玩啦。

所以每隔十年，上帝就调出所有的金卡客户，抽一次奖，然后随机把一个巨大的成功分给中奖的那个幸运家伙。

所以，宝宝，只要努力，就会有合理的回报。而那些巨大的成功，往往来自于幸运——但是请先确定，你努力地拿到了金卡。

亲爱的弯弯，欢迎来到这个世界。

记得要活得精彩，活得认真，跟自己比。

愿你过上我从未看见与理解的生活。

摘选自古典《你的生命有什么可能》

本章总结

> 核心：通过绘制生命蓝图更深刻地接纳自己，通过生命之花·幸福之轮制订高效可行的行动方案。

在体验中觉察

> 通过绘制生命蓝图，我的生涯发展之路全景图完整呈现。有些想法是曾经一闪而过的，有些想法是如同冰山下埋藏已久的东西，这是一个很神奇的蓝图。
> 通过书写生命之花·幸福之轮，重新觉察那些做过的或正在做的事，是不是自己真心要做的。觉察成长是可控的，不妄想一步登天，可期日拱一卒。

在行动中觉察

> 绘制完自己的生命蓝图，再问自己"我是谁""我想成为怎样的人"，与探索前有哪些不同？
> 生命之花·幸福之轮（平衡轮）不是静态死板的，而是动态灵动的。我们要时刻觉察自己的状态，调整到对目前的自己发展最有利的位置。